# HO'OPONOPONO Y LA LEY DE LA ATRACCIÓN

© Adolfo Pérez Agustí (2014)

Edita: Ediciones Masters

www.edicionesmasters.com

edicionesmasters@gmail.com

# ÍNDICE

# CAPÍTULO 5

# HO'OPONOPONO Y LA LEY DE LA ATRACCIÓN

## © Adolfo Pérez Agustí (2014)

## PROLOGO

La Humanidad ha pretendido controlar su propio destino desde el comienzo de su existencia; sin embargo, hay tantos elementos a su alrededor que deben sincronizarse para tal fin que, con frecuencia, no encuentra el modo de hacerlo. Afortunadamente existen dos sencillos métodos, aparentemente alejados de lo material pero próximos en su esencia, con los cuales podemos planificar con acierto nuestro destino, tal y como ha demostrado la evidencia y ahora la física cuántica.

El Ho'oponopono y la Ley de la Atracción -pues a ellos nos referimos-, suponen una alianza extraordinaria en la que se apoya la teoría cuántica para llegar a conseguir un estado de felicidad, amor y bienestar. El ejercicio simultáneo de ambos sistemas provoca un efecto más rápido y contundente que la utilización de forma aislada, y aunando ambas herramientas es posible afirmar que la energía se expresa a través de todo aquello que pensamos, sentimos y hacemos de forma íntegra y cíclica.

El Ho'oponopono está basado en el procedimiento hawaiano para la resolución de problemas sociales a través de la reconciliación y el perdón, y la Ley de la Atracción argumenta la creencia de que los pensamientos (conscientes o inconscientes) influyen sobre las vidas de las personas, y estos son unidades energéticas que devuelven a las personas una onda similar a la que emiten.

Creer que todo es posible, es una afirmación de tal magnitud que si la ponemos en verdadera sintonía con nuestro ser permitimos al Universo expresarse a través de la resonancia cuántica, dándole la posibilidad de ofrecernos situaciones, lugares y personas que se encuentran en una adecuada vibración armónica para ayudarnos a lograr todo aquello que deseamos desde la energía del amor. El fenómeno, al que denominamos concordancia, es la unión entre el deseo y el objeto deseado.

Estas dos herramientas, tan útiles y eficaces cuando trabajan unidas, se relacionan a su vez con las Leyes de la propia naturaleza generando una interacción con los principios de mentalismo, correspondencia, vibración, polaridad, ritmo, causa/efecto y generación.

Todo lo que existe en la naturaleza es polar, tiene un lado positivo y otro negativo. Todo tiene su género femenino y masculino y cada efecto ha sido derivado de una causa inicial. De este modo, todos los acontecimientos están en continuo cambio y se rigen por periodos de ascenso y descenso, tanto en el interior de cada ser humano como en el exterior; por eso cada proceso que acontece lo hace desde la mente o energía universal.

La unión del Ho'oponopono y la Ley de la Atracción establece las claves prácticas para entender cómo opera el vínculo que se establece entre el pensamiento y el sentimiento de una persona y las acciones que ha de realizar para materializar el resultado más óptimo y armónico en su evolución.

Como dijo Einstein, "La experiencia es aprendizaje, lo demás es información".

*Rosa María Real Cabrera*

# Introducción

Parecía que todo lo que deberíamos saber sobre el Ho'oponopono ya se había dicho, y para mejor muestra le recuerdo al lector los dos libros que escribí sobre ello -"Ho'oponopono la curación por el perdón" y "Ho'oponopono para mejorar la relación de pareja"-, en los cuales explicaba todo sobre este extraordinario y eficaz sistema de origen hawaiano que ha transformado las relaciones personales.

Sin embargo, aún quedaba mucho por decir en lo relativo a la consecución de los deseos y por ello la idea de unificar este ancestral sistema con la popular Ley de la atracción, me pareció una empresa sugestiva, si ello era posible. No bastaba, pues, con poner una teoría después de la otra y ni siquiera con fundirlas, pues lo que pretendía era hacer imprescindibles ambos sistemas, al menos en cuanto a diseñar nuestro futuro.

Y este trabajo que en principio parecía descabellado, se transformó en algo simple, pero laborioso, cuando encontré un nexo de unión entre ambos: la física cuántica. Desde ese momento, las ideas desordenadas se organizaron casi por sí solas y la empresa quimérica se convirtió en una realidad, tal y como se podrá comprobar a lo largo de este libro.

Y como el lector interesado seguramente ha buscado algo más que el puro conocimiento, he intentado hacer un libro práctico, de lectura sencilla (algo compleja en ocasiones, lo reconozco), y capaz de ofrecer un indicador preciso para que no se equivoque en su camino hacia el mundo que desea y necesita.

# CAPÍTULO 1

## La conciencia crea materia

En El Kybalion -obra atribuida al maestro egipcio Hermes Trismegisto- se dice que "El Todo es Mente; el Universo es lo Mental". Muchos siglos después, los físicos han corroborado este milenario principio cuando Sir Arthur Eddington (1882-1944) aseguró que "El material del universo es material mental", quizá haciendo referencia a la teoría cuántica sobre el operador hermitiano. Puesto que el observador se convierte en participante cuando observa el mundo subatómico y, si participa, lo está alterando, esa relación entre la conciencia y el universo se estrecha aún más según el físico cuántico -y con frecuencia metafísico-, Jack Sarfatti, quien afirma que "la estructura de la materia no puede ser independiente de la conciencia". Así, nuestra conciencia construye la realidad que percibimos y aún más: crea nuestro Universo. En resumen, como sostiene Michael Talbot, "la conciencia -el pensamiento- es la estructuradora de la realidad".

Pero, ¿puede nuestra mente ir más allá y llegar a materializar algo, incluso a voluntad? El astrónomo James Jeans (1877-1946) aseguró que "el Universo está empezando a parecerse más a un gran pensamiento que a una gran máquina". Y Deepak Chopra añade: "La materia cuántica involucra un modo de conciencia, la mente, que puede realizar cambios en otro modo de conciencia, el cuerpo o el universo".

**Nuestro evolucionado cerebro**

El cerebro humano es un organismo complejo interconectado con todo el cuerpo y que sigue la línea marcada por la evolución, como si fuera una ciudad al que se añaden nuevos barrios continuamente. Así ha pasado desde la prehistoria, la época medieval, el renacimiento, la etapa victoriana y nuestro mundo contemporáneo. No hay nada que haya surgido bruscamente y todo nos hace pensar en un modelo de ordenador. Además, cada uno de nosotros posee su propio sistema nervioso y un ADN en el cual está grabada la historia entera de la vida biológica en el planeta, o por lo menos la pertenencia al reino animal.

En la capa prehistórica nosotros encontramos los animales unicelulares como la ameba o el paramecio que no poseen sistema nervioso. Toda la coordinación sensorial y los reflejos motores los sienten en una sola célula. Nuestras células sanguíneas, los glóbulos blancos, al recoger los deshechos y consumir las bacterias, se comportan en la sangre en cierto modo muy similar a las amebas en los lagos. Los animales pluricelulares simples, como la medusa, no poseen sistema nervioso central, pero tienen una cierta cantidad de fibras nerviosas que permiten la comunicación entre las células y hacen posible que el animal reaccione de una manera coordinada. En nuestro cuerpo, las células nerviosas del intestino coordinan el peristaltismo, las contracciones musculares que empujan la comida.

En el curso del tiempo, la evolución ha permitido mejorar los impulsos nerviosos. Empezando por los insectos, encontramos una o más masas de tejido nervioso que se encargan de un cómputo más extenso, y estas masas están cada vez más organizadas hasta la cabeza. Nuestros reflejos que nos permiten retirar la mano cuando tocamos una olla caliente, apenas involucra el cordón espinal y este comportamiento de la conducta, lo encontramos en los gusanos de tierra.

Con la venida de los mamíferos, creció un telencéfalo -primero el telencéfalo primitivo de los mamíferos inferiores- gobernado básicamente por los instintos y la emoción, y después los hemisferios cerebrales con toda su sofisticación, finalizando con esas células grises que la mayoría de nosotros identifican con la mente humana. Sin embargo, un estado de intoxicación, el uso de drogas como los barbitúricos y otros tranquilizantes o incluso una lesión del telencéfalo superior, produce una regresión a los tipos más primitivos, más espontáneos, menos interesados de la conducta, como los observados en los mamíferos inferiores. Casi la totalidad de la psiquiatría humana, incluso aquellos métodos que afectan la conciencia, actúan regulando el hipotálamo y el telencéfalo primitivo.

Así, a pesar de la centralización creciente y la complejidad que aparece cuando el sistema nervioso se desarrolla, los nervios más primitivos se desarrollan tanto dentro del cerebro en expansión, como en el cuerpo entero. Aunque las recientes fases de nuestra evolución suplantaron las fases anteriores, no las sustituyeron completamente. Las experiencias de la ameba y de la medusa, del gusano de tierra y de la hormiga, están plantadas en nuestros tejidos nerviosos, y con cada una de esas criaturas nosotros compartimos la capacidad de estar conscientes. La mente humana está consciente por su herencia corpórea.

Por consiguiente, las necesidades de la conciencia no pueden ser idénticas a las funciones cerebrales superiores que son posibles por las conexiones nerviosas en la corteza cerebral. Evidentemente, el formulario que nuestra conciencia asume es el volumen de nuestras percepciones y pensamientos que está influenciado por esas conexiones, pero la capacidad de estar consciente en sí mismo, debe ser más elemental.

Algunos humanos que tienen grandes áreas de la corteza cerebral dañadas, pueden presentar pérdida de una capacidad específica, como el discurso, la visión o el movimiento, pero están tan conscientes como los bebés recién nacidos. La conciencia en sí misma, que incluye la capacidad general de percepción y propone la actividad, debe aparecer en algunos de los mecanismos físicos mucho más primitivos que el cerebro humano ha desarrollado, un mecanismo accesible. Así, para encontrar una base para la conciencia que explique la conciencia de todas las criaturas vivas (y posiblemente de las que no viven), es de importancia fundamental para la comprensión mirar el contorno general de las cosas.

Ésas son las consideraciones que algunos, desde un punto de vista general, defienden al considerar el modelo del cerebro semejante a un ordenador, aunque hay también otros fenómenos. Si examinamos ciertas características básicas de la conciencia, es evidente que la capacidad para tantos procesos no sería posible.

Todos los modelos que asemejan nuestro cerebro a un ordenador, insisten en que nos gobernamos según las mismas leyes, es decir, que sus diferentes partes (sus neuronas) cooperan de una manera ordenada, mecánica, obedeciendo todas las leyes físicas clásicas. Es un modelo que gusta, pero creo que no hay un "organizador" central de neuronas que dirigen todo.

Si se procesa todo en conjunto, permitiendo que se realicen las funciones espontáneas y premeditadas, ¿dónde está entonces, en medio del billón de conexiones nerviosas, la persona que nosotros consideramos como nosotros mismos. ¿Quién es el pensador? ¿Qué explica que ante un reflejo de hambre decidamos comer una manzana y el placer que se siente después? ¿Por qué aparece de forma primordial esa experiencia en lugar de otras tantas impresiones producidas por un millón de pulsos sensoriales diferentes?

## Física cuántica

La mecánica cuántica demuestra que la materialista noción de la realidad es una ilusión, es decir, que la existencia objetiva del mundo es irreal, algo que los grandes místicos ya lo enseñaban.

Hay una frase que afirma que: "Si la mecánica cuántica no le ha conmocionado profundamente, es que no la ha entendido aún." La física cuántica ha dejado a los científicos de todo el mundo desconcertados, especialmente con el descubrimiento de que nuestra realidad material física, no es realmente física y que todo lo que llamamos real está hecho de cosas que no se pueden considerar como reales.

Niels Bohr y Werner Heisenberg son leyendas de la ciencia del siglo XX y ganadores del premio Nobel. Ambos, son los creadores de la teoría de la mecánica cuántica, la teoría física más precisa y de mayor alcance jamás concebida. Ambos explicaron cómo brilla el sol, cómo se unen entre sí las moléculas, cómo se magnetiza el hierro, e incluso por qué los objetos son imprecisos. Es la misma física que hace funcionar los chips de ordenador, el láser y las bombas atómicas. Así que despreciar la mecánica cuántica por intangible o aleatoria, supone despreciar también la física moderna y la teoría básica ancestral, las bases de las maravillas modernas.

Una conclusión fundamental de esta física es que también reconoce que el observador crea la realidad. Como observadores, estamos involucrados personalmente con la creación de nuestra propia realidad. Quizá por ello, los físicos convencionales se ven obligados a admitir que el universo es una construcción mental: existe porque una mente decidió que existiera. El físico Sir James Jeans añadió: "La corriente del conocimiento se encamina hacia una realidad no mecánica, donde el universo comienza a parecerse más a un gran pensamiento que a una gran máquina. La mente ya no parece ser un intruso accidental en el reino de la materia, y debería considerase más bien como el organismo creador y gobernador del reino de la materia". Ya estamos a un paso de la mente creadora que ha dado origen a este libro.

La física cuántica insiste en que los átomos físicos se componen de vórtices de energía que están girando constantemente y lo hacen vibrando, cada uno irradiando su propia firma energética única. Por lo tanto, si realmente queremos observarnos a nosotros mismos y descubrir lo que somos, debemos hacerlo desde la perspectiva de que somos realmente seres de energía y vibración, que irradiamos nuestra propia y única energía. Somos mucho más de lo que percibimos y de lo que perciben los demás sobre nosotros. Si observamos la composición de un átomo con un microscopio, veríamos un pequeño tornado, invisible como vórtice, con una serie de infinitamente pequeños vórtices de energía llamados quarks y fotones, conformando en su conjunto la estructura del átomo.

Sin embargo, si nos centramos sobre la estructura del átomo, no veremos nada; sería como observar un vacío físico o un vacío sin explicación ni contenido aparente. No hay estructura física, y si el átomo no la tiene ¿qué nos hace creer que nosotros la tenemos? No se aturda con esta conclusión, pues lo importante es no confundir estructura con energía o, más lejos aún, con información.

Nuestra experiencia de seres vivos se ajusta a la idea de que realmente hay un mundo objetivo y tangible, aunque no real según los cuánticos. Curiosa encrucijada cuando diariamente vemos miles de objetos que parecen ser reales y tratamos de ver que no hay una contradicción entre los mundos cuánticos y físicos. Sin embargo, tanto los místicos como los físicos afirman que el mundo objetivo es una ilusión. Pero si esta idea de sentido común de un mundo objetivo no es correcta, ¿por qué parece tan lógica? Bueno, podríamos poner dos ejemplos bien conocidos: uno es sobre la idea de que el mundo es plano, o al menos así nos lo dicen nuestros ojos. Otro, que el sol sale por la mañana y se oculta por la noche. ¿Quieren más? El horizonte de un gran mar parece en calma, pero si nos acercamos pronto veremos el oleaje y la intensa vida interior. ¡Qué subjetivos son nuestros sentidos! La experiencia nos sigue diciendo que lo anterior es tal y como los antiguos decían, pero otros nos han demostrado que no es así, que todo depende del observador. ¿Es alta una montaña? Depende de si el observador está en un avión o la contempla desde la llanura. Y si miramos la Tierra desde el espacio veremos que la geometría plana no es una contradicción, pues lo que vemos es un círculo y no una esfera.

Si las culturas en el pasado han estado tan engañadas acerca de la realidad, ¿cómo podemos estar tan seguros de que nuestra actual visión del mundo es tan real? Nuestra idea del mundo objetivo es una ilusión y **no todo depende del cristal con que se mira, sino del observador que lleva ese cristal**. Así que no podemos estar seguros de nada basándonos en nuestra experiencia, pero ¿cómo podemos estar seguros de que no existe otra realidad oculta debajo de nuestras ilusiones presentes?

Nuestra experiencia es limitada y debido a esta limitación, a menudo caemos presa de la ilusión de que lo que parece ser absolutamente cierto es absolutamente cierto. Pero en el momento en que nos apartamos de las limitaciones de lo ordinario y ampliamos nuestra experiencia para incluir observaciones más sutiles, la ficción se revela como muy próxima a la realidad más amplia.

Toda existencia y todo cambio en el tiempo, así como la consecución de nuestros deseos, han de ser vistos como un simple modo de existencia donde todo permanece y persiste, donde **todo es posible si antes ha sido diseñado.** Pero estas nuevas experiencias no serán posibles si no estamos dispuestos a permitir que las cosas nuevas, es decir, nuevos elementos cuánticos, puedan llegar a existir.

*Lo que no aparece nunca se convierte en lo que parece que debe ser.*

### Cuerpo-mente

El orden de la creación en el plano terrestre (de acuerdo con las filosofías más metafísicamente orientadas), empieza primero con la inspiración o la idea (a través del cuerpo mental); en segundo lugar, con la motivación de hacer / tener / ser (a través del cuerpo emocional); después en la formación en el reino etérico (bio-energética, meridianos, aura...) que finalmente se manifiesta en la existencia física. Las cosas se materializan desde los reinos más sutiles de la existencia hasta el reino "físico" a través de la palabra y la escritura. A veces las cosas se "manifiestan" simplemente a través del reconocimiento -por los cinco sentidos- que algo ya existe. Esto se refiere a las creencias afirmativas, ya sea consciente o subconsciente (una creencia es un pensamiento cargado de emociones o ideas). Se trata de efectuar un pensamiento con una adhesión personal a él -unido por la emoción-. Cuanto más emocionalmente cargada o conectada sea la creencia, más poder creativo e impacto tendrá en la vida, tanto si somos conscientes, como si no.

En lo que se refiere a nuestras influencias de la primera infancia, algunas ya fueron instaladas a través de las vidas pasadas y el karma relacionado, metafísicamente                      hablando.
Si estamos seguros de conseguir lo que queremos, la ley divina dice que siempre se consigue lo que se necesita (aunque parezca contrario a nuestro sistema de creencia consciente), y es obvio que muchos deseos no son necesidades imperiosas.

Las creencias y los deseos están directamente relacionados, pero los deseos (o las creencias) y las necesidades reales pueden ser muy diferentes. La conciencia de lo que uno desea y cree que es importante no siempre es objetiva, y quizá el destino sabe mejor lo que uno puede y debe recibir. Deberíamos matizar después qué es eso del "destino".

Los creyentes religiosos y ahora los cuánticos, insisten en que las oraciones son siempre contestadas, y en esto incluyen todos los pensamientos y la palabra hablada. Mediante ellas podemos determinar las opciones, objetivos y prioridades.

Los músculos, por su parte, están diseñados para trabajar y fluir individualmente o en conjunto con una variedad de asociaciones entre sí, aunque la tensión crónica tiende a crear blindajes. Si ello ocurre, en lugar del flujo de movimiento se quedan adheridas las vainas musculares ("adherencias fasciales") que se lesionan con mayor facilidad. Todos tenemos por lo menos un poco de esta condición en una u otra área del cuerpo. En pocas palabras, podemos crear movimientos pegajosos mediante pensamientos oxidados y creencias obstruidas, o efectuar una limpieza emocional.

Hay que entender que, al igual que las células, los seres humanos y los componentes vivientes individuales que los componen, trabajan mejor juntos que de forma individual, creando armonía cuando cooperan. Esto permite el movimiento complementario, una acción y una forma de trabajo a través de ello, con un aprendizaje.

Existe un "mecanismo de defensa" (CM) mediante el cual hemos aprendido a hacer y estar en nuestra infancia y la niñez para cubrir nuestras necesidades básicas. Es decir, esto se aprende cuando nuestros padres no estaban allí físicamente o emocionalmente, o eran inadecuados, confusos o irrespetuosos con nuestras necesidades reales, o de algún modo irresponsables. El CM se desarrolló creativamente (conscientemente o no) para proporcionar sensación tanto de seguridad, amor y aceptación, como de supervivencia.

Este sería un proceso de mente y cuerpo:

1) Los músculos mueven los huesos y la fascia proporciona la interconexión con la matriz, así como las superficies de deslizamiento de flujo para todos los músculos y cada parte del cuerpo.

2) Los sentimientos también mueven los músculos, es decir, los sentimientos y el inconsciente almacenan los datos de cada emoción para determinar el ajuste y el cambio de estado de la tensión muscular, que ocasionarán la respuesta automática habitual y los patrones de movimiento de los músculos y la fascia.

3) Los pensamientos mueven los sentimientos, es decir, crean y gobiernan los sentimientos, los cuales (pensamientos y sentimientos) originan creencias, que equivale a decir que la perspectiva mental determina los sentimientos y las emociones.

Las creencias son pensamientos más consolidados (consciente o inconscientemente) por adjuntas cargas emocionales.

4) El alma se mueve por lo anterior -más o menos bajo el auspicio de Dios o el Poder Superior (según el punto de vista de la cosmología) que determina la situación de parentesco y el nacimiento, etc.-, lo cual inicia la percepción que el individuo tiene de sí mismo, de los demás, de su entorno, y la experiencia de las relaciones con personajes humanos y divinos en el plano de la Tierra. Ello nos lleva a la conclusión que no todo ocurre por la relación causa-efecto.

**Creencias**

Las creencias son el resultado del aprendizaje – observación, enfoque mental aplicado, análisis-, la experiencia personal que incluye el acondicionamiento del entorno -cultura, costumbres, religión-, así como el entorno físico real, y los eventos e interacciones con todo lo que pasa. También son importantes los conceptos de tiempo y espacio, el tamaño y solidez, la realidad y la ilusión, lo sutil y todo lo que se denomina "formas de pensamiento planetario". Las creencias nuevas, además, son el resultado de las creencias de muchas personas comunes -millones- cargadas de emociones durante miles de años. El más frecuente es el caso de la fe absoluta en una verdad durante largos períodos de tiempo, convirtiéndose en una poderosa forma mental. Es por eso que los pocos que realmente son capaces de liberarse de ellos son llamados "maestros". Entre ellos se incluyen unos pocos yoguis (que hacen hazañas increíbles que cualquiera consideraría milagros), incluidos los que dicen haber caminado sobre el agua o sobre brasas sin quemarse; todo por la intención, no como un signo de autorrealización.

Esto nos lleva a las preguntas y conceptos que relacionan las creencias con la realidad o "la verdad". ¿Son permanentes las creencias? Habría que definir primero qué es "permanente" y aunque la mayoría de todas las filosofías antiguas otorgan permanencia a algunas cosas, son pocas en comparación con lo que la persona cree haber aprendido. La inteligencia o la sabiduría legada, no son un indicador de que la creencia sea saludable. Un profundo conocimiento del cuerpo y la mente se considera como una inteligencia práctica, y su uso consciente y constructivo es algo saludable e incluso espiritual.

Pero para que la vida cambie en el plano de la tierra -hacia una mayor plenitud y bienestar-, la expresión corporal y las creaciones necesitan ser consistentes con los principios de plenitud y bienestar. Esto no pretende ser una invalidación de otras facultades de percepción o de decir que las cosas en los niveles no físicos no tienen ninguna función útil.

Ya hemos dicho que los deseos se basan en creencias y que todas las creencias afectan a la percepción y la respuesta al ambiente. También afectan al propio magnetismo personal -y por lo tanto la manera en que uno atrae a la gente, las cosas y las oportunidades para uno mismo-. De ese modo, las creencias afectan la manera de manifestar las cosas. Por lo tanto, la idea existencial que "uno consigue sólo lo que uno cree", puede ser cierta. Las creencias inconscientes -sobre uno mismo, los demás, la vida, la salud, la riqueza, la muerte, etc.- pueden tener impacto tanto o más en lo que atraemos que las creencias conscientes.

No es inusual tener creencias contradictorias, como tampoco lo es tener una mezcla de sentimientos o metas en conflicto, pero en el caso de las creencias fuertemente contradictorias, una de las dos suele ser subconsciente. Esto se muestra cuando ponemos esfuerzo consciente en un sentido y descubrimos, después del hecho, que también hemos bloqueado esa dirección. Contradecir las direcciones es el principal (si no el único) obstáculo que provoca exceso de tensión en la mente y el cuerpo.

La tensión es también la correlación física de la motivación, unidad, o "carga", y es indicativa de un estado (subjetivo) de lo incompleto. Eso no es malo, y es simplemente una comunicación que pide (eventualmente necesita) que algo debe abordarse, metafísicamente hablando.

Hay quienes mantienen que el enfoque espiritual es todo lo que uno debe tener, ser o hacer, y que el pensamiento debe ser entregado por una mente intuitiva pura, lo que indica un valor a los principios espirituales. También se han estudiado sistemas espirituales o metafísicos y diversas filosofías, algunas en profundidad, otras superficialmente.

Las creencias inconscientes son generalmente así debido a que han sido asociadas con un acontecimiento pasado, a menudo traumático, así que se archiva en el inconsciente. Este miedo es por lo menos parte de la carga que se aferra a la creencia, aunque probablemente hay otras emociones que también están reprimidas. Se requiere energía para reprimir esta información de alto impacto, y esto ocasiona una gran cantidad de represión y agotamiento.

Las creencias, pues, son el resultado de pensamientos y la experiencia personal, las sensaciones físicas y la imaginación. La intensidad de la experiencia determina la potencia de la creencia, y por lo tanto el grado de impulso invertido en cualquier patrón relacionado con la postura y el movimiento. En realidad, hay una relación entre los patrones de hábitos musculares y los patrones emocionales.

## La conciencia

Hay quienes pensaban que el espíritu consistía en átomos, y, por eso se les clasificó como materialistas según las condiciones tradicionales. Pero si se tradujeran esos átomos de espíritus en olas, tal y como la física cuántica explica de manera alto imprecisa, con la dualidad ola-partícula, la fe en la unidad sutil de la mente con el cuerpo sería similar a lo que ahora se está desarrollando. Quizá los materialistas de hoy sufren una conversión similar a los anteriores, a pesar de estar tan entusiasmados con la física moderna. Esa obsesión por no querer hablar del espíritu cuando hablan de ciencia, es su yugo.

También se concluye que la visión de que la conciencia es un tipo de relación cuántica (al menos suena "científico") y que no es una propiedad más de la materia, ha servido para no excluir definitivamente a los parapsicólogos de estas hipótesis. Ella, la conciencia, no puede existir de forma independiente porque existe al tener una relación con otras partículas. La conciencia es el ser, y sólo puede aparecer cuando por lo menos se encuentra con "otra cosa". Ambas son necesarias para bailar.

Así, es posible que la mente sea una conciencia muy primitiva y que unidas forman dos olas opuestas, como dos partículas subatómicas. Los diferentes estados y grados de conciencia dependerían de los diferentes tipos y grados de relación y ambos dependerían de los muchos tipos y grados de la estructura. Por consiguiente, nuestra conciencia humana no es diferente a lo que asociamos con la vida más elemental o la materia, sino que es diferente en el grado y nivel de complejidad.

¿Hay alguna razón especial –más allá del egocentrismo humano- para que la conciencia parezca estar establecida solamente en los seres humanos, obviando el resto de los seres vivos, o es que simplemente es nuestro prejuicio lo que nos impide entender la vida mental como una característica del resto del universo?

Realmente, en el mundo de la naturaleza, las partículas entran en dos tipos básicos, los fermiones y los bosones. Los fermiones son partículas elementales como los quarks, mientras que los bosones se asemejan a los fotones de luz y pueden ocupar el mismo espacio que los fermiones. Coexisten, pero nunca completamente y ambos son siempre individuales en alguna medida. Son como los seres humanos, como la mente y el cuerpo.

Ambos son los portadores de las partículas que componen las fuerzas que mantienen la unidad del Universo y son esencialmente gregarios. Sus olas funcionan de tal manera que llegado a un punto se funden completamente, eliminando sus identidades y apartando cualquier derecho a la individualidad. Pensemos en ello, por favor.

El bosón como la relación" cohesiva" de las partículas en la naturaleza nos lleva al electromagnetismo (la fuerza pertinente en la vida diaria tal y como nosotros la notamos) responsable de las conexiones químicas y que está presente en los tejidos de todo vivo. ¿La conciencia es igual?

## Consideraciones prácticas para el cambio de vida

Si usted quiere cambiar su vida (su cuerpo, sus emociones), puede que tenga que averiguar cuál de sus creencias no es adecuada, así como sus metas, y reemplazarlas con creencias más adecuadas. Creemos aquello que entendemos, pero también podemos asumir las creencias de un grupo o persona.

Primero deberá cambiar sus hábitos, pero sepa que son difíciles de romper. Sin embargo, eso es exactamente el beneficio potencial de invertir tiempo en la aplicación de nuevos principios. Muy pocos llegan a la consecución de sus ideales más altos, pero sin ideales, ¿cómo vamos a caminar hacia un objetivo?

Vamos a establecer unas pautas:

1- Las afirmaciones pueden ser diseñadas y utilizadas para descubrir las creencias y los aspectos emocionales.

2- No se puede liberar lo que no se ha perdonado y no se puede perdonar lo que no entendemos y sentimos. Por lo general, la liberación de las emociones profundamente almacenadas se consigue mediante la empatía amorosa.

3- El cuerpo mental y el cuerpo emocional hablan diferentes idiomas. Pensamos de acuerdo a lo que sentimos. Desarrollar la mente racional para controlar nuestras sensaciones, no es a menudo una habilidad fiable. Cuando tratamos de civilizar nuestra mente, tal y como hacemos desde el nacimiento, a menudo estamos condicionados porque no confiamos en nuestros propios sentimientos ni sentidos. Los padres contribuyen demasiado a ello, insistiendo en aquello que es mejor para nosotros, según su propio condicionamiento. Por eso las personas deben independizarse cuanto antes de la casa paterna/materna.

Así que hay que volver a cerrar la brecha del pensamiento-emoción que implica cambios drásticos en la forma en que la mente se refiere a la experiencia emocional, sobre todo en términos de juicio y control. Cuando la mente, que ama y analiza, se mueve en una experiencia terapéutica emocional, lo que se entiende por descarga, tiende a evitarla y desea la finalización cuanto antes. Una vez que la mente adopta una posición de observación, y evita la descarga, comienza a aprender lo que puede hacer mediante el análisis de la situación y así aprende a valorar la contribución y el papel del cuerpo emocional.

4- Hay una diferencia entre la liberación de la carga emocional y quedar atrapados en el "reciclaje" de la emoción. En este último caso, la creencia generalmente se fortalece, la emoción es "entretenida" como derecho y justificada, en lugar de ser comprensible, considerando todas las cosas. Esto comienza a cambiar una vez que el individuo toma conciencia de los aspectos más profundos de todo el escenario. Esto puede ser muy difícil de comprender antes de que se experimente.

5- Para el grado de eficacia que deseamos debemos responder a las situaciones de un modo diferente. Antes, reaccionábamos de manera automática en formas que más tarde lamentamos o nos sorprenden, pero ahora comenzamos a observar cómo reaccionar y experimentamos más opciones en la situación. Esto puede producir un gran torrente de sensaciones maravillosas – especialmente alegría-, aumentando la confianza en nuestras capacidades para hacer frente eficazmente al desafío, así como en el amor.

6- Es necesario destacar que el término terapia se entiende como cualquier ejercicio que realizamos en solitario o con la asistencia de amigos o profesionales que nos impulsan a la superación, el crecimiento, o modificaciones en la personalidad. El problema es que con frecuencia nos deberemos salir del concepto "normal" que tiene la sociedad. Tenemos que admitir que en ocasiones tendremos miedo a la desaprobación, al rechazo, nos notaremos con falta de amor y seguridad, pero puede ser todo ello un beneficio posterior. Por ello, como individuos y pertenecientes a la sociedad, nos debemos permitir hacer frente a nuestras inseguridades, perdonar nuestros juicios, liberar nuestra culpa, y comenzar a salir de la rutina que subyace por nuestros sentimientos de impotencia.

7- Ciertos tipos de meditación facilitan el conocimiento de sí mismo y el desapego de los diversos aspectos de la mente, proporcionando un control de las emociones y el cuerpo, descubriendo elementos ocultos y dando claridad a todo ello, con nuevas direcciones y recursos. Este tipo de separación nos permite obtener un estado objetivo para ser responsables de la conciencia. Este estado no es lo mismo que la negación de los sentimientos o estar fuera de contacto con los aspectos emocionales de la vida en el plano terrenal.

8- Las afirmaciones también se pueden utilizar como detonante de las creencias apropiadas, repitiendo simplemente el rechazo a las creencias no deseadas, desarrollando una sensación que corresponde a lo que decimos. Sin embargo, esto implica una fuerza de voluntad que se opone a la fuerza del inconsciente, evitando trabajar en niveles más profundos, al menos temporalmente.

9- Las afirmaciones son utilizadas para descubrir y sustituir a la antigua creencia, siendo medios eficaces para reforzar la conexión con las cualidades divinas. Un método ancestral son los mantras, diseñados e inspirados para sintetizar una acción compleja. Los más antiguos han sido magnetizados por los millones de repeticiones conscientes a cargo de maestros a través de los siglos. El potente resultante y la energía positiva, son claramente percibidos

# CAPÍTULO 2

## El pensamiento

¿Dónde residen los pensamientos?

Pensemos en movernos hacia la puerta. ¿Dónde reside ese pensamiento que ha tomado la decisión y que es capaz de sincronizar cientos de reacciones al mismo tiempo? ¿Y luego, dónde se va?

Si no podemos meter un pensamiento de fuera a dentro, ¿cómo se genera un pensamiento en nuestro interior y gracias o qué o a quién?

Si no es algo físico, si no lo podemos coger, ni tocar, ¿qué es?

¿Y si no es físico ¿por qué no puede trascender hacia otras personas?

¿Dónde reside el elemento que realiza los millones de deseos y acciones que efectuamos al día?

¿Por qué puedo bloquear un pensamiento a voluntad? ¿Dónde lo dejo oculto? ¿Quién es el otro elemento que decide cuándo puedo volver a rescatarlo, aunque sea perjudicial?

¿Quién decide cada cambio brusco que efectuamos en nuestra intención?

¿Por qué se pueden generar pensamientos claramente destructores para el propio organismo que los produce?

Piense por un momento en esto: ¿porqué unos deseos se cumplen y otros no? ¿Las cosas que pasan estaban escritas? ¿Escribimos nuestro destino?

Espero que lo que viene a continuación sepa dar respuestas a alguna o todas las interrogantes.

Si aceptamos la equivalencia entre el ser (lo existente) y la conciencia (la capacidad de percibir), no hay modo alguno de defender que cuando alguien se comporta inconscientemente no esté consciente; aunque parece una conclusión demasiado mecánica. Quizá es que perdemos de vista el eslabón entre el desarrollo cerebral y la conciencia, y estamos ciegos ante las verdaderas características de nuestra percepción consciente, de nuestra propia experiencia. Si nos consideramos más un cuerpo físico, con información y energía, nos aproximamos a las máquinas. Y puesto que nunca hemos conseguido traspasar nuestra mente a otra persona, pero sí hemos logrado aceptar donantes de partes de nuestro físico sin aparentes problemas, a lo mejor la idea del "espíritu" deberíamos reconsiderarla.

La psicología trata de establecer un nexo de unión entre lo sutil y el pensamiento, estudiando la conducta como resultado de ambos mundos. De nuevo el concepto de mente-cuerpo toma protagonismo. Para ayudarnos, la fisiología moderna nos deja claro que no hay pensamiento sin red neuronal, así que también reincide en el concepto indisoluble entre mente y cuerpo. La conciencia no aparece en este camino.

## Las mentiras del cuerpo

El cuerpo simplemente consiste en que somos un producto del pensamiento y sin embargo nos sentimos unidos estrechamente. Por eso tenemos una idea clara sobre qué es el pensamiento, y lo que es el cuerpo, esto último algo extenso que no piensa. Así que aunque sabemos que el cuerpo y el pensamiento son diferentes, uno sin el otro no pueden vivir.

Cuando nos preguntan qué es el alma", solemos decir que es la parte más esencial de nosotros, la parte en la que realmente somos nosotros, y que es diferente del cuerpo. Y si es un niño quién hace la pregunta quizá tenemos mayores problemas para dar una respuesta que nos satisfaga también a nosotros. Los ateos quizá lo tienen más fácil –no existe-, pero no tienen las respuestas para una mente infantil.

La mayoría de nosotros siente que nuestras mentes (o almas) y nuestros cuerpos son esencialmente, por alguna razón, diferente del otro, y que hay muchas cosas que escapan a la mente racional. Todavía no sabemos si somos un alma que dispone de un cuerpo, o de un cuerpo que alberga un alma provisionalmente. Hay algo intangible que mira el mundo exterior y hurga en nuestra mente. Aunque aparentemente independiente del cuerpo, parece ligada a él. Quizá en el futuro solamente seamos un alma libre. Mientras tanto conseguimos estar vivos a pesar de las enfermedades, jóvenes a pesar del pelo blanco y las arrugas, y de buen corazón a pesar de la corrupción. No obstante, de vez en cuando también bajamos al nivel de la carne y nos corrompemos.

## El alma y la mente

*"Mientras pensamos en el cuerpo nuestra alma se contamina"*

Los amigos se quejaban a Sócrates, porque estaban perdidos en la búsqueda de la verdad. El cuerpo nos llena de amores, deseos y miedos, de fantasías y cosas sin sentido, con el resultado de que apenas si tenemos oportunidad de pensar en otra cosa. Sócrates estaba muy agradecido hacia la cicuta (la planta mortal), mientras esperaba una muerte plácida después de que pensara que su alma inmortal sería finalmente libre cuando no tuviera que cuidar al cuerpo. Pero nadie le volvió a ver después de su muerte, ni a él, ni a su alma.

No importa cuánto nuestra razón moderna quiere liberar el concepto mente-cuerpo del alma-cuerpo. Este condicionamiento cultural profundo nos mantiene cautivo, en parte porque los avances científicos de los últimos trescientos años nos impresionan. Pero deberíamos no hacerles caso cuando hablan del alma, algo en lo que no creen. Desde la dualidad cuerpo/mente, admitida por los conceptos mecánicos de la masa y energía, los filósofos subsecuentes intentaron en vano construir una alternativa viable, apenas entendida por la gente vulgar. Debido a nuestra noción actual, esencialmente heredada de la teoría newtoniana, no hay manera de ver una similitud entre el cuerpo y la mente.

Las teorías físicas newtonianas tomaron posesión de las conclusiones platónicas y cristianas, de que la materia era algo "bajo, inerte, informe y carnoso". La materia era algo que tenía peso y extensión, constituida esencialmente de átomos, unos corpúsculos pequeños que se comportaban como una colección de bolas de billar. Era, entonces, algo sólido que podía influir en otras materias mecánicamente a través del contacto y, no necesitaba del concurso de la mente.

La materia no tenía propósitos o intenciones. No había átomos del deseo, de vida o de alma. Así, la nueva ciencia física del siglo XVII no tenía nada que decir en lo espiritual o psicológico de la vida. Los físicos oponían una reserva a la parte mental considerándola un mundo aparte, así que desapareció de los textos.

Pero nuestras mentes son capaces de localizar cada lugar y circunstancia sin problemas, al mismo tiempo, e impermeables a las medidas físicas. No podemos decir que la mente tiene 20 centímetros de anchura y pesa 1,1 kilos como algunos ignorantes han querido demostrar. Tampoco podemos verla dentro del cerebro, y eso que todavía hay quien cree que allí se forman los pensamientos y deseos. Tampoco podemos verla salir de otras personas. Nuestras mentes están repletas de esperanzas y miedos, motivadas por los deseos y expectativas, en la persecución de objetivos, mientras nuestros cuerpos de comportan de las cosas físicas, mecánicamente, más o menos como los automóviles.

Nuestras mentes se entrelazan con la memoria y nuestros cuerpos -dejando las habilidades a un lado- sólo ven el momento presente. Nuestras mentes son holísticas y parecen surgir de algún lugar, mientras nuestros cuerpos son evidentemente una reunión de átomos aislados que han decidido ir juntos según las leyes de la física y de la química. No obstante, cada átomo no se preocupa por el origen de la vida, ni por la divinidad, ni por el amor, o sea, solamente se preocupa y ocupa por sobrevivir. Según la teoría científica, la existencia de un cuerpo humano no es diferente a cualquier cosa -libros, ladrillos, oro, pasta de cacahuete o un piano de cola-, solamente necesitan organizar los componentes apropiadamente. Si esto es cierto, nuestro ego está irremediablemente herido.

Si nosotros tenemos, por ejemplo, un grupo de bolas de billar que se mueven dentro de una caja, realmente tienen una relación unas con otras. Chocan entre ellas y alteran su posición y la de las otras. Al mismo tiempo, impiden que otras ocupen el mismo lugar simultáneamente. Se atraen debido a la fuerza de la gravedad y, si están eléctricamente cargadas, pueden atraerse o rechazarse. Algunas son más grandes o más elásticas que las otras, aunque pueden dominar las más pequeñas y menos elásticas.

Sin embargo, todas esas relaciones son externas y aunque influyen en la conducta de las pelotas, no alteran sus calidades interiores. A pesar de las fuerzas que actúan entre ellas, esas pelotas continúan siendo iguales, elásticas y diferentes, cada una con la propia masa, posición y propio momento.

Pero un grupo de electrones libres en una caja tendrá una relación muy diferente, puesto que pueden comportarse tanto como olas como partículas (simultáneamente), y sus aspectos interferirán unas con las otras, habrá sobreposición y unión. Aunque tengan la masa, la carga y el giro, además de la posición y el momento, son indistinguibles de la relación entre ellas. Todas quedan afectadas por la relación, y aunque están separadas, se comportan como un todo. La conclusión es que no tiene sentido hablar de las propiedades individuales, porque satisfacen las demandas del todo.

## Mecánica cuántica

Es por eso que algunos tratan de relacionar la Ley de la atracción con la mecánica cuántica basada en el principio de que cada pensamiento tiene una frecuencia, que tiene la capacidad de comunicarse con pensamientos similares existentes en este universo, lo que se denomina como "conexión cuántica". Y a pensar que aún no se ha demostrado este efecto debido a que la frecuencia del cerebro humano generado tiene un nivel de energía muy bajo para comunicarse con el resto del mundo, esto se debe a los insuficientes métodos de medición de la energía. Ya es sabido que las células se comunican continuamente entre ellas y que el ADN presente en los cromosomas intercambia continuamente información, no solamente con el ADN próximo, sino con todas las partículas que pueblan el universo; aunque quizá sea el ARN quien se ocupe de ello. Así que la positividad puede alterar el estado de ánimo y lograr, mediante una frecuencia ondulatoria adecuada, llegar a otros puntos de destino, por lejanos que estén. Nuestra mente y la de cualquier otro, tiene el poder de llegar a un nivel de energía diferente que nos permita llevar a cabo cualquier tarea aparentemente difícil.

Y al revés también es posible: atraer el mal. Si somos capaces de generarnos una enfermedad solamente por un pensamiento hostil y desacertado ¿por qué no vamos a ser capaces de atraer la desgracia por una serie de pensamientos negativos?

Hace mucho tiempo ya se hablaba de ello y en 1987, el New York Times publicó un informe de investigación sobre el poder del pensamiento positivo, en el cual se afirmaba, según texto de Edward E Jones, psicólogo de la Universidad de Princeton, que "nuestras expectativas no sólo afectan a nuestra manera de ver la realidad, sino también afectan a la propia realidad". Para confirmarlo, otros investigadores demostraron que la culpa de la propia desgracia hace que uno sea más susceptible a las enfermedades, algo que más adelante se denominó como enfermedad psicosomática, prácticamente el origen de casi todas las enfermedades. Es el desorden cuántico lo que origina la desgracia corporal, y el mismo que llega a todas las personas de nuestro alrededor.

**Un todo con el universo**

En el nivel de conciencia que nosotros entendemos, el yo tiene el origen en nuestro propio cerebro y de alguna manera, nuestra conciencia es sólo la relación entre las partículas quántum elementales.

Nosotros estamos, en nuestro ser esencial, hechos del mismo material y sostenidos por la misma dinámica que todo el Universo. De la misma manera, y lo que revela la enormidad de este logro, el Universo está hecho del mismo material y sostenido por la misma dinámica responsable que nuestra existencia. Pero, según Einstein, la conciencia no puede reducirse a las actividades de las moléculas o la química, así que nuevamente nos lleva a que la existencia no se puede explicar sin echar mano de la conciencia. No basta con el estudio de la materia, ni nosotros nos limitamos a nuestro cerebro; en la conciencia está la clave.

El mismo Platón dio la pauta al propio Einstein cuando afirmó: "Simplemente no pueden unirse satisfactoriamente dos cosas sin una tercera". Un aspecto similar es cuando dos personas se enamoran y creemos que solamente hay un amante y un amado. Hay también un tercer elemento que es el amor entre ellos,  la unificadora fuerza que toma un yo y un tú, por un nosotros.

Piense, por ejemplo, en el juego del ajedrez. Sus moléculas, "la materia cerebral", es la tabla y las treinta y dos fichas; sin embargo los ajedreces en sí mismos son mucho más que pedazos de madera tallada. El juego es un modelo cambiable de reglas y relaciones entre los pedazos y los jugadores que los mueven, entre los cálculos de los jugadores y sus psicologías, y todas estas cosas son las que dan sentido a la verdadera mecánica del juego.

Consideremos un cuadro de Van Gogh en el que retrata un par de zapatos de granjero. El substrato material del cuadro es la pantalla y la pintura extendida en ella, pero la obra de arte que nos encanta no puede quedar reducida a las tales cosas, ni a las intenciones y propósitos de Van Gogh y ni siquiera a su vida. El cuadro es una cosa que revela algo que hasta entonces no se había revelado, y en el que figuran la relación entre los zapatos y el granjero que los usó, las personas que los hicieron, la tierra que será pisada con estos zapatos, y todas las cosas que la tierra significa para nosotros. Aunque parece complejo, el filósofo alemán Martin Heidegger asocia estos elementos con la revelación de la verdad y del Ser, lo que Van Gogh sentía cuando lo estaba pintando.

El concepto de que hay un todo relacionado, al que denominamos holismo, es el puente entre ese tipo de percepciones y el mundo físico -por consiguiente, el puente entre la mente, la verdad, la belleza y el mundo material.

Y puesto que lo físico y mental se entrelazan por raíces comunes, no pueden estar separados sin producirse el desastre obvio. Sería más fácil recoger un perfume después de haber estrellado en un precipicio el frasco que lo alberga, que resumir la mente y el espíritu del cuerpo entero de forma separada. Ambos van por la vida en comunidad, enredados en sus propios átomos y partículas, sea en forma de vibraciones u ondas, buscando movimientos de interacción, tratando de ponerse acuerdo.

A nivel cuántico, sin embargo, las cosas son muy diferentes. Yo soy el producto de mis relaciones, mis relaciones con los subseres dentro de mi propio ser y mis relaciones con los otros, mi relación viva con mi propio pasado a través de la memoria quántum y con mi futuro a través de mis posibilidades. Sin las relaciones, yo no soy nada.

Cuando consideramos la posibilidad de la existencia bajo la visión quántum de la inmortalidad, nosotros nos preguntamos si habrá alguna base física para la integración del pasado de otro al nuestro, de tal manera que el otro, aunque esté muerto, realmente está con nosotros aquí y ahora, riéndose como nosotros nos reímos, flotando como nosotros flotamos, amando como nosotros amamos. Quizá la reencarnación sea a través de la conexión con nosotros.

Para el proceso de memoria quántum, el pasado siempre está conmigo. No existe como la memoria, sino como una presencia viva que define en parte lo que yo soy ahora. Todo lo que era, es ahora. A través de la memoria quántum, el pasado está vivo, abierto y en diálogo con el presente. El pasado no sólo influye en el presente, sino que igualmente el presente se impone en el pasado, al menos según la teoría del no-tiempo.

# CAPÍTULO 3

## Los deseos

Todo lo que ve a su alrededor, en realidad, ha venido de alguna parte, ya sea en los negocios, películas, música, edificios, parques o museos. Si nunca había tenido esos pensamientos e ideas, entonces ninguno de ellos existiría, así que en realidad todo proviene de los pensamientos de la gente y de usted. Las ideas se han manifestado en la realidad la cual, a su vez, hace que la gente piense en otras ideas similares o en cómo mejorar con esas ideas y por lo tanto, la realidad producida a partir de pensamientos de la gente ha ayudado a crear nuevas ideas en las mentes de otras personas.

En psicología, existe una regla denominada Ley Fundamental de la Atracción, pero no consiste simplemente en atraer las cosas que queremos en la vida, pensando en ellas, en realidad es mucho más profundo que eso. No es un asunto paranormal o pseudo-científico tampoco. Las reclamaciones que por derecho toda persona consciente tiene en su mente, y siente hacia ellas un apego emocional, es natural que atraiga esas cosas inconscientemente por influir en el mundo que les rodea. La gente a menudo actúa por impulso, con los hechos, la vista o el sonido, recordando algo que ya estaba almacenado en la mente, lo cual activa una señal subconsciente hacia la mente consciente para atraer nuestra atención.

Si usted constantemente y conscientemente piensa en algo el tiempo suficiente y tiene una verdadera pasión por el tema o el deseo, entonces su mente subconsciente entra en acción con el fin de ayudar a que esto ocurra. Es más probable que se convierta en una realidad, simplemente porque usted regularmente piensa en las cosas que quiere y siente con verdadera emoción y un fuerte deseo de tenerlas. El concepto puede parecer un poco incompleto, pero es por eso que hemos incluido la palabra importante como fundamental. Usted debe, esencialmente, entrenar su mente subconsciente para trabajar en su beneficio.

### Probar la teoría

Extienda su brazo para que esté en una línea recta horizontal directamente en frente de usted; a continuación, cierre los ojos y en su mente imagine un montón de globos llenos de helio atados al extremo de su muñeca. Imagine que poco a poco se van moviendo más y más alto en el aire y vea en su mente cómo levantan el brazo, tirando de él más y más hacia el cielo. Después de unos minutos de imaginación, abra los ojos y verá que el brazo se ha movido hacia arriba y ya no está en una línea recta horizontal. Si esto no ha funcionado, sólo significa que es poco susceptible a la autosugestión y puede necesitar un poco más de tiempo para que la técnica funcione. Este ejemplo básico se basa en un tema denominado movimientos ideomotores.

Sobre la base de este concepto, muchas personas utilizan técnicas de visualización para pensar imaginativamente con regularidad y claridad acerca de sus sueños, ambiciones y metas en la vida. Algunos lo harán por un período de tiempo determinado cada día como parte de su rutina. Al hacer esto, subconscientemente influyen en sus vidas a través de la autosugestión para ayudarles a moverse también de forma inconsciente hacia sus objetivos y pueden comenzar a pavimentar el camino hacia un futuro exitoso. Abundantes pensamientos crean la realidad y esta, a su vez, ayuda a crear nuevos pensamientos frescos originales, abundantes e ideas. Técnicamente sólo estamos viviendo en un mundo que se ha construido y desarrollado a partir de millones de pensamientos de la gente y sus ideas.

## Crear nuestra realidad

Cuando la Ley de la atracción dice que el deseo es un don divino y todo lo que se pueda imaginar se puede lograr, quizá parezca no encajar en el

Ho'oponopono, un sistema que no pretende conocer la mente de Dios, excepto cuando dice que todas las cosas son posibles para Dios.

Debido a que no sabemos el origen de nuestros pensamientos, el Ho'oponopono sostiene que es necesaria la limpieza constante de todo pensamiento incorrecto. Esta limpieza es una forma de hacer agujeros en la barrera de nuestros recuerdos que se han formado y oscurecen nuestra visión de lo divino. Esta inspiración divina persiste después de varios días de limpieza.

Debido a que todos los pensamientos, incluso los positivos, son el ruido que oscurece la voz de lo divino, constantemente debemos limpiar nuestra conciencia y vivir en la gratitud y la alegría del momento presente.

No obstante, hay una diferencia sutil, pero muy significativa en creer que "Dios lo hará" y "crear la realidad". Creer en nuestra capacidad para manifestar cualquier cosa que deseemos, es simplemente una función de saber quiénes somos en realidad. En la Ley de la atracción, se recomienda que utilicemos herramientas como imágenes, sueños lúcidos y la creación de películas de nuestra vida.

Ho'oponopono está más centrado en la gratitud por el momento presente como la mejor herramienta para crear los deseos, aunque reconoce el esfuerzo como impulsor.

Si el momento actual que vivimos nos lleva a un estado de mansedumbre, bondad, amor y servicio, es a partir de entonces que brota la manifestación del deseo. Lo que finalmente atraemos a la vida no es lo que queremos, sino lo que somos. Y cuando nos preguntamos qué somos lo hacemos en función de nuestro subconsciente, así que la única barrera son los recuerdos, los que controlan la experiencia.

Puesto que la información es diferente según los niveles de la conciencia, es muy importante que siga estudiando, leyendo, practicando y aprendiendo. No importa lo que "vea" o lo que "sienta". Los cambios están sucediendo, incluso si no los comprende, pero tienen que sincronizarse diversos acontecimientos. Usted no tiene que saber dónde está el cambio ni cuándo llegará; solamente limpiar su conciencia.

**Sincronía e intención**

Cuando explicamos las bases de la física cuántica, ya dijimos que el mundo no es realmente como se ve y si reducimos la materia a sus componentes más pequeños, encontramos átomos y partículas subatómicas. Estos trozos de materia vibrando a una velocidad enorme, realmente son paquetes de energía y toda manifestación energética tiene un destinatario y una aplicación o utilidad. Nosotros, los seres humanos, en realidad somos energía vibrando a diversas velocidades y cuando pensamos, nuestro cerebro produce energía y vibraciones. Si a cada acción corresponde una reacción opuesta de igual magnitud, cada vez que generamos un pensamiento, con su particular vibración, producimos una reacción o consecuencia. Debido a la gran cantidad de pensamientos que generamos diariamente, son numerosas las vibraciones que emitimos y las consecuencias que provocamos.

La energía cuántica desarrollada en cada pensamiento posee una información que se extiende a todo nuestro entorno y de manera especial hacia los objetos, personas o situaciones que componen ese pensamiento. De este modo, **nuestros deseos se convierten en paquetes de energía que viajan en pos de un receptor**, justo aquel que tenemos en nuestra mente. Así que lo que llamamos casualidad no es más que la suma de unos acontecimientos anteriores, y nunca una cuestión del azar.

*Hay que hacer de la vida un sueño y de un sueño una realidad.*

La palabra sincronía proviene de la etimología griega *syn* (con, juntamente, a la vez), y de la mitología griega, *Chronos* o Khronos (tiempo), entendiéndose como un término que se refiere no tanto a la coincidencia en el tiempo, como a la simultaneidad de hechos o fenómenos.

En términos comprensibles, se refiere a la experiencia de dos o más eventos que ocurren de manera significativa, pero que aparentemente no están relacionados de modo causal. Sin embargo, para poder ser sincrónicos los eventos deben de estar interconectados de algún modo entre ellos, mientras que la posibilidad de que ocurran de forma aleatoria debe de ser mínima.

A nivel del pensamiento, es la relación que existe entre las mentes, pero por una correlación entre ideas. Estas ideas, que están estructuradas de manera compleja pero lógica, dan lugar a relaciones que tienen afinidad, aunque de una forma distinta a los principios de causa y efecto. Nosotros las percibimos como simultáneas, lo que significa que ambas ocurren de manera paralela y sin una causa previa.

Los acontecimientos de la vida no son percibidos habitualmente de forma unitaria y sincronizada, salvo cuando el hecho estudiado se analiza, momento en que nos damos cuenta de la serie de eventos que se han tenido que desarrollar para que se materialicen. En la estructura psicológica del ser humano, también se producen los mismos fenómenos coordinados y sincrónicos. Cuando esto ocurre, se desarrolla una acción física.

Un ejemplo muy divulgado es cuando existen en una misma habitación varios relojes de péndulo: a las pocas horas todos oscilan al mismo ritmo. Este orden sincrónico se desencadena en los lugares más inverosímiles: desde las órbitas de los satélites, la periodicidad de las mareas, en los electrones, en el zumbido harmónico de los grillos, así como la tendencia en mujeres que viven cerca o que pasan mucho tiempo juntas, a menstruar aproximadamente al mismo tiempo y efectuar acciones e impulsos similares.

Hasta tal punto la sincronía es un fenómeno real, que los científicos de diversas disciplinas están descubriendo constantemente nuevos ejemplos de ello, demostrándose que la sincronía, como fenómeno, no es sólo posible, es inevitable. En 1989 Strogatz, junto con el matemático Rennie Mirollo de la Universidad de Boston, demostró que cualquier sistema de osciladores acoplados (es decir, entidades capaces de responder cada una a las señales de las demás; sean grillos, electrones o cuerpos celestes) se auto organizarán espontáneamente.

Todo acto cognitivo implica la coordinación, la sincronía, de numerosas regiones neuronales. La coordinación se basa en la formación transitoria de grupos de células nerviosas que son sincronizadas en sus fases, lo que crea la coherencia y la unidad. Todos a una, es una petición habitual que demuestra el fenómeno de la sincronía, tal y como hacen los soldados cuando sincronizan sus relojes para alcanzar un objetivo simultáneamente. Cuando creamos nexos dinámicos, los diferentes acontecimientos que rigen nuestro destino y que darán lugar a un nuevo hecho, confluirán en el momento y lugar adecuado.

Nuestro cuerpo es una fehaciente manifestación de sincronía cada vez que realizamos un movimiento complejo, como saltar un trampolín, tocar un instrumento musical, o conducir un auto de carreras. Y todo ello sin que nuestro cerebro intervenga en algo más que la simple transmisión del pensamiento. Han sido nuestras células las que se han sincronizado entre sí para efectuar la gran magnitud de reacciones químicas, nerviosas, hormonales y circulatorias necesarias para conseguir un resultado.

Sin embargo, **coordinar los pensamientos y los deseos sigue siendo un problema muy difícil de resolver**. Los grupos neuronales no tienen consciencia, sino que es el individuo quien la posee. La consciencia aparece como consecuencia misma de la vida, regulándose con el cuerpo de la persona y en las relaciones con el mundo.

Sabemos que nuestras mentes son auto-reguladoras y que buscan el equilibrio sincrónico, provisto de mecanismos que operan fuera de nuestro control o conocimiento. Esos conceptos formaron las bases para el psicoanálisis antes de que se divulgara el recomendado por Freud. Con todo, todavía no sabemos cómo se sincronizan los sueños. Demasiada información, demasiados datos y demasiadas emociones, en un momento en la cual todo parece dormido.

No menos importante es cuando analizamos diversos detalles para encontrar una respuesta, por ejemplo: un detective estudiando los datos disponibles que le hagan ver la solución. Hay numerosas coincidencias (volver a incidir) y una vez que las agrupamos la respuesta al enigma debe ser fácil, pero hay que relacionar los datos.

Nuestra vida también está plagada de pequeñas y significativas coincidencias que nos deberían llevar de modo sincronizado a la consecución de una nueva acción, en este caso de suma importancia. **Los hechos trascendentes de nuestra vida solamente son factibles mediante la suma de pequeños detalles**, siendo esta la razón por la cual no todas las personas consiguen importantes cambios en su vida. Cuando nuestra existencia se convierte en una rutina, sin nuevos alicientes y estímulos, sin que deseemos un gran cambio o mejora, no hay posibilidad de que nada extraordinario suceda en nuestras vidas. **No podemos atraer y ni siquiera formar, lo que no ambicionamos.**

Todos los seres vivos estamos inmersos en un universo sincrónico, tanto el que vive en nosotros, como el exterior, en espera de una oportunidad para ser descubierto y sincronizado. No hay seres más predestinados que otros, sino personas que necesitan efectuar grandes logros. Cuando el pensamiento va en este sentido, los acontecimientos comienzan a reunirse en busca de una sincronía, como cuando un compositor elabora una partitura. **El simple deseo, desencadena la unión de los acontecimientos.**

Nuestro futuro oscila entre el deseo, la necesidad y la imaginación, y nuestra participación en los acontecimientos es imperativa, aunque no queramos reconocerlo. Estamos predestinados, pero se puede conculcar nuestro destino si nos dejamos llevar simplemente.

Los acontecimientos encadenados producen efectos que solamente se producirían si todos los eslabones permanecen unidos. Cuando un acontecimiento dramático tiene lugar, parece difícil de explicar que la larga serie de pequeños detalles se hayan desarrollado de ese modo tan preciso. Simplemente con que uno sólo se hubiera interrumpido, nada hubiera sucedido. Un accidente de tráfico mortal es un buen ejemplo: el niño que se soltó de la mano no hubiese cruzado la calle si su madre no viera en un escaparate precisamente el vestido que le gustaba, si una pequeña pelota no estuviera moviéndose sola en la calzada, si el conductor no hubiera oído la llamada del teléfono móvil, si quien le llamó hubiera esperado solamente medio minuto más, si la calzada no estuviera mojada… El niño fue atropellado por unas circunstancias que se han desarrollado de forma sincronizada.

Pero el ser humano es una especie única en muchos aspectos, especialmente porque tiene la facultad de alterar su destino al tener libre albedrío para hacerlo. José Ortega y Gasset lo explicó cuando dijo: *"No somos disparados a la existencia como una bala de fusil cuya trayectoria está absolutamente determinada. Es falso decir que lo que nos determina son las circunstancias. Al contrario, las circunstancias son el dilema ante el cual tenemos que decidirnos. Pero el que decide es nuestro carácter"*.

## La intención y el deseo

*Si has conseguido ir más lejos, es porque te has aupado en hombros de gigantes.*

Cuando te comprometes profundamente con lo que estás haciendo, cuando tus acciones son gratas para ti y, al mismo tiempo, útiles para otros, cuando no te cansas de buscar la satisfacción en tu vida y tu trabajo, estás haciendo aquello para lo que naciste. No hay un solo ser vivo que no tenga una misión y utilidad, y buscar la nuestra para desarrollarla es un impulso tan vital como la propia supervivencia. Esto se debe a que los seres humanos tenemos un sistema celular capaz de tomar conciencia del contenido de energía e información de ese campo energético que genera pensamientos, sentimientos, emociones, deseos, recuerdos, instintos, impulsos y creencias. Al no existir barreras en el campo energético, nuestra conexión con el universo es total e inmediata, pero podemos cambiar conscientemente el contenido de información que da origen a nuestro cuerpo físico, influyendo en el entorno y en las cosas que suceden en él.

En busca de la realización de nuestros deseos primero elaboramos nuestros pensamientos y posteriormente desarrollamos la intención de llevarlos a cabo, por lo que **cualquier cosa que deseemos desencadenará una larga serie de acontecimientos que pueden dar lugar a la consecución del deseo.** La intención genera un campo energético sobre el objeto, persona o elemento deseado, ocasionando una infinidad de sucesos orientados a producir el resultado buscado.

Todo este fenómeno no se produce de forma aleatoria, ni improvisada, y en realidad es un mecanismo de organización mental muy poderoso que, al igual que los actos físicos, produce la energía cuántica necesaria. Cuando pequeños acontecimientos se desencadenan a causa de esta fuente energética, todo se conecta y se correlaciona con todo lo demás. La razón de este extraordinario campo energético es debida a la propia energía disponible en cada célula de nuestro cuerpo. Una vez que los millones de células se ponen en funcionamiento y teniendo en cuenta que cada una de ellas es capaz de realizar cerca de seis billones de funciones por segundo, la energía desarrollada es de una magnitud inmensa. Y todo esto se genera simplemente con la intención consciente. Así que le pedimos que no sueñe por la realización de sus deseos: piense en ellos estando muy despierto. **El futuro siempre se crea en el presente**.

*La voluntad abre las puertas del éxito brillante y feliz, el trabajo franquea estas puertas y al fin de la jornada el éxito llega a coronar los propios esfuerzos.*

El tiempo no existiría para nosotros si no hubiera un pensamiento, y tanto el pasado como el futuro nacen en la imaginación, pero **para elaborar el futuro hay que liberarse de la carga del pasado**. La intención actúa como catalizador para la mezcla correcta de materia, energía y alterar nuestra percepción del tiempo. Si tenemos solamente conciencia del momento presente y nos centramos en ello, los obstáculos del futuro nos parecerá insalvables y las oportunidades pasarán por nuestro lado.

La intención promueve la creatividad, y ésta los nuevos logros; pero la intención debe convertirse en un hábito, nunca obsesivo, pero cuando se repite se materializa. Como un herrero que a base de golpear, logra elaborar una espada.

**Sólo se conseguirá algo si antes se observa en la mente, pues un escaparate no es nada si nadie lo mira.**

Cuando nuestra intención es firme, no nos apartamos de nuestro propósito. Tener una intención focalizada significa mantener nuestra atención en el resultado que perseguimos, con un propósito tan inflexible que impida completamente que cualquier obstáculo consuma o disipe la concentración de nuestra atención.

Es importante eliminar de nuestro pensamiento los obstáculos que nos parecen insalvables, pues actúan como un pensamiento más y **el mecanismo que desencadena los acontecimientos no diferencia entre el deseo y el obstáculo**.

Que el poder de la intención es real se comprueba con los millones de personas que han logrado realizar sus deseos, simplemente por haber mantenido obstinadamente (no obsesivamente) ese deseo durante mucho tiempo. No es necesario comunicarlo a nadie, ya que nadie debe ser el artífice de nuestro sueño. Es más, las personas, por bien intencionadas que sean, suelen constituir un freno al insistir más en los problemas que en las soluciones.

De cualquier modo, estemos predispuestos siempre a admitir el cambio en nuestros deseos, a la sustitución de un logro por otro, a reconocer que el principio cuántico de incertidumbre está también presente en nuestras vidas. Nosotros pensamos en un sueño, pero los detalles los pone el universo.

Cuatro principios:

1. Dicen que todo y todos los indeseables que entran en nuestra experiencia o aquello deseable que no entra, se debe a que hay algo en nuestro interior que atrae a los indeseables y repele lo deseado. Indudablemente esta afirmación va a generar muchos sentimientos de culpa.

2. Dios / la Fuente, tiene el poder para cambiar lo que se quiera, y para ello basta una sola cosa, esa letanía que ha dado la base al Ho'oponopono o la visualización de la Ley de la atracción.

3. Nunca podemos haber estado plenamente conscientes de que aquello que ya está dentro de nosotros fue el origen de que se crearan las situaciones indeseables. Es casi imposible comprender la complejidad y la amplitud de la limitación de las creencias / percepciones que podemos tener, por lo que no tiene sentido seguir limpiando todo eso uno por uno.

4. Todo lo que necesita ser tratado, es lo que hay ahora. Deje de hablar tanto de su pasado y ni siquiera tenga malos presagios hacia el futuro. Se trata de un proceso de "limpieza" de las cosas que siente en este momento.

5. Las limitaciones para no hacer lo que hay que hacer, nos quitan la energía disponible para las manifestaciones positivas. No ponga tanto énfasis en las limitaciones y creencias limitantes. No hable tanto de ellas y libere su energía para las acciones inspiradas y manifestaciones milagrosas.

### ¿Sueños premonitorios?

La creencia de que los sueños son advertencias u orientaciones del destino es ancestral y universal. Nos preguntamos qué son esas imágenes o pensamientos extraños y misteriosos que nos despiertan sobresaltados, y que nos obligan a buscar un libro sobre su interpretación.

Algunas personas parecen reconocer sin esfuerzo el mensaje de sus sueños, pero el resto de nosotros vagamos entre la reflexión y el escepticismo. Al igual que en muchas áreas de la vida, los hawaianos se esforzaron por hacer todo tan sencillo como fuera posible, aunque sus técnicas de interpretación de los sueños son diferentes.

Desde una perspectiva hawaiana, nuestros sueños se desarrollan en nuestro ser interior, el Unihipili, similar a la mente inconsciente de Jung, y deben ser traducidos para que el Uhane o mente consciente los pueda entender. La parte realmente buena a veces supone un mensaje del ser superior que dio origen al alma eterna, de Aumakua, quien quiere mostrarnos algo muy importante.

Los poderosos mensajes internos del sueño no son como los describen la mayoría de las personas que utilizan libros de sueños, buscando símbolos aplicables a su vida. El método hawaiano es muy poderoso para ayudar a que nos pongamos en contacto con nuestro ser interior, y crear una relación más fuerte que también fortalecerá nuestra intuición, conduciéndonos a una mejor orientación.

Estos son algunos de los mensajes ocultos en los sueños:

Disfrute de la vida cada día.

Practique meditación.

Viaje y diviértase.

Mantenga el corazón abierto a una nueva forma de amar.

Abra su espíritu a nuevas experiencias.

Persevere.

Viva en paz.

A continuación, preste atención a esos mensajes profundos y fuertes para descubrir el mensaje general y las medidas de acción que puede tomar ahora. Sin los pasos a seguir, los sueños no son más una curiosidad académica y es solamente cuando se realiza la acción cuando se materializa.

Un mensaje muy profundo nos asegura que todo está bien, que el crecimiento está ocurriendo, y que debemos confiar en que las cosas van en la dirección correcta. Se trata de un mensaje simple, pero siempre obliga a realizar algunas acciones.

También puede utilizar este método de interpretación para entender su vida "normal" y descubrir el significado de cada día o los extraños sucesos en su vida.

Si lo que pretendemos es aprender cómo utilizar la Interpretación de los Sueños para reforzar nuestras conexiones con el interior y el aumento de nuestro valor, recite la plegaria de Morrnah Simeona, divulgadora del Ho'oponopono moderno:

"Divino Creador, padre, madre, hijo como uno solo, por favor busque el origen de mis sentimientos, los pensamientos de dinero. Llegue a cada nivel, capa, área y aspecto de mí ser, desde sus orígenes hasta la actualidad.

Humildemente les pedimos a todos el perdón de todos nuestros miedos, errores, resentimientos, culpas, delitos que hemos creado y aceptado desde el principio de la creación hasta la actualidad.

Deje que la inteligencia divina añada toda la información pertinente que a sabiendas o sin saberlo se ha omitido.

Analice y resuelva perfectamente con la luz divina. Viaje a través de todas las generaciones del tiempo y la eternidad. Sane todos los incidentes originales a través de la voluntad divina hasta el presente.

Lléneme de luz y verdad y concédame el perdón de mí mismo por mis percepciones incorrectas. Perdone a cada persona, lugar, circunstancias y eventos que contribuyeron a estos sentimientos pensamientos y acciones".

## La felicidad hoy

La felicidad es una elección que podemos hacer cada segundo del día. La mayoría de la gente piensa en la felicidad como un sentimiento, que en términos psicológicos llamamos un "estado emocional" - y sin embargo este estado cambia cada 30 segundos, así que cada 30 segundos se tiene una elección, voy a ser feliz o no.

La mayoría de la gente no ha pensado en la diferencia entre la felicidad en ese momento, y lo que se necesita para sentir plenitud interior, que es una actitud mucho más profunda a largo plazo de la vida. **La mayoría de las personas no invierten en su futuro; solamente quieren ser felices ahora**. Esta es probablemente la razón por la cual hay tantas opciones que se centran es ser feliz a corto plazo, lo que inevitablemente no siempre funciona porque la felicidad de ahora depende de nuestro pasado. Si nos hemos emborrachado ayer o si hemos gastado insensatamente el sueldo mensual, hoy no seremos felices. ¿Qué tal si nos comemos un suculento y abundante pastel? Espero que al menos no nos importe engordar y que nuestro estómago sea poderoso. ¿Está seguro de saber lo que hace hoy?

## Sueños de felicidad

Una gran cantidad de personas hemos construido una buena parte de las normas internas o creencias, a lo largo del pensamiento como: seré feliz cuando…

Seré feliz cuando tenga un nuevo trabajo

Seré feliz cuando llegue una nueva pareja

Seré feliz cuando...

Y por este tipo de acciones estamos constantemente posponiendo nuestra capacidad de ser felices en el momento. Habrá que buscar un equilibrio, pues.

Por lo tanto, es de crucial importancia limpiar y despejar todas estas reglas o "equipaje emocional", que soportamos. Hay que hacer modificaciones en las normas y creencias que nos permitan ser feliz con los eventos de la vida, incluso con los negativos.

No es sólo lo que pasa lo que define y marca la diferencia en la vida, sino lo que decidimos hacer al respecto.

## Talleres de felicidad

Quizá la primera vez que comenzó a buscar algo mejor y encontrar una manera de cambiar o mejorar en busca de la felicidad, acudió a cursos y talleres en habilidades interpersonales, de desarrollo personal, incluyendo la PNL, EFT, Reiki, chamanismo y mucho más. De hecho, posiblemente si hace una lista de los talleres a los que ha acudido, quizá sumen 200 diferentes, cada uno con sus técnicas para liberar los viejos patrones, las emociones, los acontecimientos pasados, recuperación del alma, y entrar en el futuro para traer más energía y vitalidad de la vida.

Su pretensión era encontrar las técnicas más poderosas disponibles que puede aprender y utilizarlas rápidamente para que le ayuden a cambiar. Cuando asista a estos eventos, seguramente se sentirá libre, distinto y feliz, y al salir se preguntará por qué nadie más parece ser consciente de que un cambio tan rápido y fácil puede ser posible, y por qué no se enseña en las escuelas occidentales. Sepa que gran parte de aquello que ha aprendido en occidente procede de Hawai, un lugar no excesivamente visitado. Así que tenemos la obligación de investigar y recuperar esa información tan valiosa.

# CAPÍTULO 4

## La consecución de los deseos

## Ho'oponopono o Ley de la atracción

Se necesita práctica y voluntad de creer en la posibilidad de que una clara intención promulgada con un proceso simple, puede desencadenar pautas para liberarse de sentimiento arraigados. La recompensa de esta práctica es la liberación de los resentimientos y las conductas adictivas, la libertad de no albergar desaires viejos, y la libertad de estar completamente presente en el amor. Momento a momento, vamos haciendo la limpieza.

Si puede aferrarse a los sentimientos de prosperidad, abundancia, felicidad y paz, puede crear esa experiencia por sí mismo. Entonces, ¿por qué hay que cuestionarse si seguir con la Ley de la atracción o el Ho'oponopono?

La Ley de la Atracción ha sido enseñada durante cientos de años por decenas de maestros, entre ellos Napoleón Hill y Rhonda Byrne, quien a su vez se basó en la escuela del pensamiento y los trabajos de William Walker Atkinson. Posteriormente fue impulsada en la película "El Secreto" de 2006. Nos enseña que nuestros pensamientos y con mayor precisión nuestras emociones asociadas a nuestros pensamientos, crean nuestra realidad.

El Ho'Oponopono es tan antiguo en su origen como "The Secret", pero fue modificado en el libro de Joe Vitale, *Zero Limits*, generando cierta confusión y debate entre los profesionales de la Ley de Atracción y el Ho'oponopono. Demasiados cambios y demasiado personalismo.

Las interrogantes siempre son las mismas: ¿Qué es lo correcto? ¿Cuándo van a llegar los resultados de aquello que buscamos y pedimos? ¿Qué hay que hacer para crear la vida que deseamos? ¿Qué técnica es mejor?

Aferrarnos a los sentimientos de prosperidad, abundancia, felicidad y paz es algo que podemos crear por nosotros mismos, y para ello no tenemos que decidirnos entre la Ley de la atracción o practicar Ho'oponopono. Son compatibles y complementarios.

La antigüedad del Ho'oponopono como método de sanación, ha sido actualizado por Kahuna Morrnah Simeona y otros metafísicos del siglo XXI, mientras que la Ley de la atracción ha sido reafirmada a través de los siglos por decenas de maestros y dirigentes.

**Simbiosis**

La Ley de atracción es un plan universal que le augura prosperidad simplemente con el deseo, mientras que el Ho'oponopono le pide que haga lo correcto y, además, que pida y otorgue perdón. Cuando estamos conectados con la fuente y se establece el flujo del universo, todo parece funcionar en su nombre. El problema es que el calendario del universo, de la divinidad, no siempre es igual al nuestro. Así que ejerza la paciencia y haga la limpieza de sus sentimientos mientras tanto y así la vida se desarrollará perfectamente.

Podíamos decir sin dudar que la Ley de Atracción y el Ho'oponopono parecen diseñados para confluir, para trabajar en perfecta simbiosis. El Ho'oponopono llega al inconsciente y la Ley de Atracción al presente, a lo tangible. Cualquier práctica espiritual que trascienda al pensamiento permitirá que el amor, la ternura, la bondad y el servicio a los demás, se unifique con las Leyes del universo. Ambos recursos están disponibles para todos nosotros. Incluso el bien más pequeño que podamos hacer, supone una gran cosa.

### La Ley de la Atracción en acción

Hay metafísicos que desean adaptar la práctica del Ho'oponopono en su vida diaria, con la versión occidental de la Ley de la atracción. También hay una gran cantidad de personas asociadas a la práctica.

Para entenderlo, debemos por comenzar a admitir que somos mucho más que nuestro cuerpo físico, que nuestros cuerpos emocionales, mentales y espirituales son tan reales - aunque menos concretos -como la forma de nuestro cuerpo físico. A partir de aquí, imaginemos que mientras nuestros cuerpos físicos están separados unos de otros, nuestro cuerpo emocional, mental y espiritual es capaz de conectar y mezclarse con otros. Nuestros cuerpos espirituales suelen vibrar a través de la vibración del amor, pero nuestros cuerpos mental y emocional, sin embargo, están más comprometidos a través de la personalidad y se unen a otros a través de una variedad de tonos emocionales y percepciones mentales.

*Nuestra experiencia refleja lo que nuestro subconsciente cree que hacemos.*

Al proyectar una actitud (y eso incluye los pensamientos y sentimientos) hacia otra persona, una vibración etérica o cuántica se une a la persona, grupo de personas o una situación dentro de nuestra psique interior. Cada vez que tenemos una experiencia similar y proyectamos un conjunto equivalente de sentimientos y pensamientos, también conocido como el cordón dorado, se vuelve más fuerte y más viscoso, atrayendo aún más las mismas experiencias vibratorias que se unen y continuando fortaleciendo el patrón. Esta es la Ley de la atracción en acción.

Por ejemplo, si tengo una interacción con un compañero de trabajo y se siente molesto conmigo, proyecto y adjunto un cordón etérico a esa persona, llevándole mis juicios y sentimientos descontentos, algo que fluye incluso aunque no estemos juntos. Muy probablemente, esta experiencia es parte de un patrón en nuestras vidas, y tenemos una gran cantidad de alias etéreos unidos a todo el mundo. Aunque si bien lo más probable es que todas esas personas tengan también sus propios cordones que se adhieren a nosotros, en el Ho'Oponopono esto es irrelevante, y la responsabilidad de todos los archivos adjuntos en mi campo son nuestros.

Los recuerdos grabados, cuando son revisados por el Ho'oponopono, tienen la intención de "hacer lo correcto", para liberar y limpiar el campo vibracional de nuestro cuerpo, por lo que podemos llegar plenamente al presente en cada momento con un canal libre para el amor. La clave, es tomar conciencia del patrón en la personalidad. En otras palabras, encontrar las maneras en que mi mente nos diga que estamos "atrapados" en un archivo incorrecto. Es fácil, pues si los pensamientos corren por la mente es porque vienen ahí periódicamente, y si nuestro impulso sentimiento o reacción es tan fuerte que nos sentimos impotentes para cambiarlo... entonces tendremos una acumulación en nuestro campo vibratorio, y el Ho'Oponopono nos puede ayudar a aclararlo.

Este puede ser un modo adecuado:

Cerrar los ojos.

Respirar suavemente.

Seguimos enfocándonos en la respiración hasta que sintamos una cierta cantidad de alivio ante la situación.

Tomar conciencia de quiénes somos y de la situación en nuestra mente.

Decir en nuestro interior: "Lo siento por los sentimientos erróneos, por los prejuicios y pido perdón. Libero la energía de estos datos y los incorporo al Universo. Todo lo que quiero en esta situación o relación ha de ser amor, perdón y comprender".

Hacer una espiración profunda y, cuando exhalemos, sentir la energía liberada.

Aunque no se consiga el estado idóneo, hay que hacer lo mejor que se pueda, relajarse, y aprender. La intención es vernos libres del nexo que nos mantenía unidos a un pasado de rencor, a un apego con el dolor, alegrándonos de lo que ahora sentimos y sabemos. Si el apego al pasado es muy intenso, podemos evitar llevarlo al consciente ahora, dejándolo para más tarde y haciendo terapias liberadoras menos intensas.

### ¿Qué hay que hacer para crear la vida que deseamos?

Cambie su vida hoy

Es muy importante que sigamos estudiando, leyendo, practicando y aprendiendo. No importa lo que "veamos" o "sintamos". Los cambios están sucediendo ahora, incluso si no los comprendemos. No tenemos que saber dónde está el cambio que está llegando -sólo seguir limpiando nuestros pensamientos.

### ¿Qué es lo más adecuado para nosotros?

No hay bien o mal cuando se trata de su viaje espiritual. Estamos exactamente donde se supone que estamos y los acontecimientos de la vida son exactamente como se supone que son. El hecho de que esté leyendo este libro es una prueba de que está en un camino hacia la conciencia superior.

Esta información resonará según nos encontremos en el camino. Si tiene que viajar 10 kilómetros y habla de lo que va a ver en los kilómetros 7, 8 y 9, y está ahora en el kilómetro 3, entenderá la diferencia entre un deseo y un hecho. Aun cuando haya viajado una distancia similar a la que le queda, su comprensión está matizada por la experiencia, la observación consciente y subconsciente, la historia y los recuerdos. El futuro se está escribiendo. Su comprensión de esta información hoy será diferente en los distintos niveles de conciencia a la que tendrá al finalizar. No luche (resista) contra lo que está por venir.

¿Conseguir los deseos es una cuestión de conseguir el placer? No ocurrirá si promueve la espiritualidad. La Ley del Deseo es beneficiosa y el cumplimiento de sus deseos le traerán ciertamente placer, pero no el placer de los sentidos, sino el del espíritu. Hay estudiosos, sin embargo, que nos advierten que el cumplimiento de los deseos crea una afición que lleva a desear angustiosamente nuevos deseos.

## Gratitud

Cuando aceptamos lo que nos va a venir, no nos resistimos a la vida misma. Cuando eliminamos la resistencia a la vida, lo que queda es el poder para permitir que la mente brille sobre nosotros, eliminando nuestra resistencia. Así, evitamos cambiar lo que es. La resistencia al cambio es lo que es causa todo el sufrimiento y prohíbe la manifestación de lo que deseamos.

La Ley de la Atracción es un hecho natural, no ha sido inventada por el hombre. La razón por la que hay millones de personas que ahora son conscientes de la Ley y sin embargo, permanecen frustrados por su aparente incapacidad para cambiar la vida, se debe a que están tratando de cambiar la experiencia.

En cuanto a nuestras experiencias no deseadas, pensamientos, sentimientos y acciones sin juicio e ira, el arrepentimiento es el único modo de ser libre de ellos. Hay que cambiarlos por una expresión de gratitud y amor. Seguramente ahora es cuando comprende la necesidad de unir esta ley con el Ho'oponopono.

La Ley de Atracción está trabajando para nosotros en todo momento. La simple verdad es que la única manera de que funcione es que la mente consciente quiera que funcione, evitando que los pensamientos subconscientes vayan y vengan.

## Sufrimiento

Todo lo que hacemos cuando examinamos nuestro sufrimiento y dolor es reforzar su existencia. Podríamos del mismo modo practicar el fortalecimiento de la creencia inconsciente de que todo es posible.

Cuando nos resistimos a cualquier cosa, por fuerza de voluntad o negligencia, simplemente se hace fuerte. Al negar la existencia de un sentimiento, pensamiento, emoción, y la esperanza de que sólo desaparecerán si tenemos pensamientos positivos suficientes, no es más que una receta equivocada para la vida.

## La intención

El mundo consciente, el campo unificado, se cambia por la intención que debe venir de un lugar desprovisto de ego, pero debido a que no sabemos si nuestros deseos son de ego o de la fuente, debemos limpiar los pensamientos hasta que sólo quede la pureza.

He aquí algunas razones por las cuales las buenas acciones y comportamiento, conducen a esclarecer nuestros deseos:

- Hacer lo correcto nos exige que consideremos los sentimientos de otras personas en lugar de meramente los nuestros. El orden hay que invertirlo: primero el otro, luego yo. Este cambio de perspectiva suele ocasionar que destaquen aún más nuestros propios deseos, pues nutren el conocimiento de la propia conciencia.
- Los frutos que recibimos de este comportamiento, nos dan experiencias agradables y conciencia limpia, lo que conlleva el esclarecimiento, mientras que el placer es simplemente un vislumbre momentáneo del Ego.
- Aprenda a diferenciar lo bueno de lo agradable. Ambos, con propósitos distintos, ligan al hombre. De estos dos, es mejor mantener la continuidad en lo bueno, pues si escogemos lo agradable falta un objetivo.
- Lo agradable proporciona satisfacción al tonto, al descuidado, engañado por la glamur de la riqueza. Suelen alegar que hay

que pensar en este mundo, pues no hay otro después. Déjenles con su ignorancia.

## Palabras sinceras

Hasta que el poder de estas palabras simples se vuelve parte de la realidad, la experiencia no va a cambiar. La compasión y gratitud por toda la vida es lo que crea la vida mágica que deseamos, pero si un mal pensamiento aparece en la conciencia hay que darle la oportunidad para salir.

## Deseos materiales

Absolutamente no hay nada malo en tratar de atraer cosas buenas a la vida. Cuando somos capaces de atraer los deseos a la vida, hemos dado un paso en la escalera de la conciencia. Sin embargo, no es necesario poner tanto ímpetu en nuestros deseos. Podemos saltar directamente sobre el paso de la intención de una conciencia de unidad, donde la aceptación y la creación van de la mano. En ese momento dejamos que sea la fuente quién decida sobre nuestras vidas. Cuando tratamos de dirigir nuestras intenciones a un resultado específico, como un hogar determinado, coche o joyas, por lo general eludimos el designio divino.

Sé que suena contradictorio, pero la realidad es que estamos creando todo el tiempo, aunque no necesariamente para nuestro mayor bien. Si no le damos al universo una razón para estos deseos, más allá de nuestro propio beneficio, nos pueden faltar bendiciones.

Debe permitir que la voluntad de la divinidad se manifieste en primer lugar. Cuando se acepta que el plan divino es siempre un proceso fácil que fluye y mediante el cual se obtiene lo que es perfecto y correcto para nosotros, es más fácil permitir y liberar nuestra necesidad de controlar el resultado.

Quizá su deseo sea tener junto a usted al gran amor de su vida, pero la divinidad le tiene reservado algo más importante, quizá el cuidado de sus hijos, nietos o dejar un legado.

Cuando aceptamos el flujo, el universo parece funcionar en su nombre. La casa que acaba de comprar quizá resulta ser el camino para conocer a su pareja, socio de negocios, o un perrito, o quizá cuidar de su nieto.

El problema es que el calendario divino no es siempre igual al nuestro. Deje que la práctica y la paciencia hagan su limpieza y que una vida más hermosa se desarrolle a su alrededor. Conózcase a sí mismo y su conexión divina.

La práctica del Ho'oponopono es una manera de permitir que la Ley de Atracción trabaje en la forma en que su mente consciente quiere que funcione. Cualquier práctica espiritual que trasciende el pensamiento, permite lo que es y representa el amor, la dulzura, la bondad y el servicio, también tiene dentro de sí el poder de trascender las Leyes de este universo.

**Pasos para atraer más dinero**

Lo primero que hay que hacer es comenzar a escribir un diario, una buena manera de limpiar la mente y empezar a enfocar los deseos. Es importante que nos agrade el soporte para escribir, pues así nos identificamos con él.

Evite escribirlo en un ordenador. Los dedos conducen nuestros pensamientos al papel a través del sistema nervioso y un teclado no permite este efecto cuántico.

Hay que visualizarse como un árbol de raíces profundas sujetas al suelo y rodeado de grandes rocas, lo que evitará la dispersión de las raíces. Además, esas raíces soportarán los avatares de la vida, como si fueran tormentas.

Una vez que ya tiene el diario:

Escriba una breve historia de su día ideal. No escriba "tener" dinero; escriba las consecuencias de tener dinero y visualice lo que implica eso para un día perfecto. Todos los detalles, lo que ve, las personas, los sonidos, los olores, todo.

En ese día perfecto, encontrará una pista de lo que le inspira, lo que ha motivado su pasión por escribir eso. Haga una lista de sus creencias negativas sobre el dinero. Lo primero, **eliminar esa frase estúpida sobre que "el dinero no la felicidad".** Si necesita reafirmar su pensamiento, haga meditación. Sobre la base de lo que ha escrito sobre un día perfecto, escriba un plan de acción de lo que quiere hacer en su vida, empezando ahora mismo. Realice una buena representación teatral, con su pasión como un medio para guiarle.

Tome las medidas de acción para ejecutar el plan. Hay diferentes maneras de ponerse en acción inspirándose en las ideas. Piense en los beneficios que logrará.

¿Qué hay de malo en tratar de atraer un coche o una casa? ¿Acaso el bienestar está reñido con la bondad?

## El inconsciente controla lo que atraemos

Nuestra experiencia refleja lo que nuestro inconsciente cree que necesitamos y con frecuencia es difícil saber qué es lo más adecuado para nosotros.

No hay bien o mal cuando se trata del viaje espiritual. Estamos exactamente donde se supone que debemos y los acontecimientos de la vida son exactamente como se supone que deben ser y el hecho de que esté leyendo este artículo es una prueba que están en un camino hacia la conciencia superior. Que esta información resuene con usted, dependerá de dónde se encuentre en el camino.

## ¿Es todo una elucubración del ego?

Mientras que la Ley de la atracción dice que el deseo es un don de lo divino y todo lo que se pueda imaginar se puede lograr, el Ho'oponopono no pretende conocer la mente de la divinidad, excepto para decir que todas las cosas son posibles para Dios. De todas formas, aunque los pensamientos sean originados por la Divinidad o el ego, los deseos se lograrán. Debido a que no sabemos el origen de nuestros pensamientos, el Ho'oponopono sostiene que es necesaria la limpieza constante de todo pensamiento incorrecto, pues es una forma de hacer agujeros en la barrera de nuestros recuerdos que oscurecen nuestra visión de lo divino.

La inspiración divina persiste después de varios días de limpieza, pero debido a que todos los pensamientos, incluso los positivos, son el ruido que oscurece la voz de lo divino, constantemente debemos limpiar y vivir en la gratitud y la alegría del momento presente.

Hay una diferencia sutil, pero muy significativa, en creer "Dios los hará" y "Crear la realidad".

Creer en que se puede manifestar cualquier cosa que deseemos, es simplemente una función de saber quiénes somos en realidad. En la Ley de la atracción, se recomienda que se utilicen herramientas como imágenes, meditación consciente y creación de películas de vida para fomentar la creencia. Pero si bien la Ley de la Atracción es un defensor absoluto de la gratitud, el acto mismo de tratar de controlar los resultados le dice al universo que nuestra confianza en la voluntad divina es débil. Es como si creyéramos que nosotros somos tan poderosos como la divinidad en la consecución de nuestros deseos.

Por eso el Ho'oponopono está centrado en la gratitud por el momento presente, como la única herramienta necesaria para crear los deseos mismos. Esto, indudablemente, no requiere esfuerzo.

Ese momento actual que se vive hace que se vuelva a un estado de mansedumbre, de bondad, amor y servicio. Y es a partir de esta bondad esencial que brota la manifestación del deseo.

Cuando estamos en silencio nos conectamos con la Divinidad y en ese momento atraemos a la vida no por lo que queremos, sino por lo que somos.

¿Sabe quién es en función de los recuerdos del inconsciente, o del presente? Ya sea que esté practicando la Ley de atracción o el Ho'oponopono, la única barrera a su manifestación son los recuerdos inconscientes que controlan su experiencia.

Hay que mantener también aceptación y gratitud por lo que no queremos, y al ofrecer un estado de aceptación para lo que venga a nuestras vidas, no se resisten a la vida misma. Cuando eliminamos la resistencia a la vida, lo que queda es el poder para permitir que la mente universal brille sobre nosotros y que solamente nuestra resistencia bloquea. Así, aunque la Ley de la atracción y el Ho'oponopono son verdad absoluta, a menudo se utilizan mal para tratar de cambiar lo que debe ser.

Esta resistencia a lo que es, origina el sufrimiento y prohíbe la manifestación de lo que deseamos.

Por suerte, la Ley de la Atracción es una ocurrencia natural, con o sin nuestro conocimiento o la manipulación de la misma. El Ho'oponopono, sin embargo, requiere un cambio en nuestra conciencia y esto, a la larga, es más provechoso para la felicidad. La razón por la que hay millones de personas que ahora son conscientes de la Ley y sin embargo, están frustrados por su aparente incapacidad para cambiar su experiencia, es el hecho mismo de que están tratando de cambiar su experiencia.

# CAPÍTULO 5

## El destino

Su destino está en su futuro, es obvio, pero posiblemente esté limitado por las circunstancias que rodean su nacimiento, como la posición de los planetas, el tiempo y lugar de su nacimiento, sus padres, sexo, etc. También abarca algunos de los más sólidos elementos mutables de su ser, como religión, espíritu, e instintos. Aparentemente, todo parece indicar que estamos condicionados y que en cierto modo somos marionetas de Alguien superior. No piense en ello. Ese Alguien decidió que el ser humano iba a tener libre albedrío y que finalmente era siempre dueño de su destino.

Nuestro devenir tiene bastante de factores personales predestinados y seguramente por otras condiciones divinas y humanas, pero lo hacemos con nuestros pensamientos y acciones, aunque hay quien insiste en que no puede explicarse fácilmente, y no está sujeto a la intervención humana. Es posible que si un individuo tiene un deseo innato para conseguir una meta, probablemente sea un impulso que posee desde su nacimiento y que será más intenso según las influencias o estímulos que reciba, aunque, finalmente, una misión importante o la persecución de un deseo, pueden cambiarse o eliminarse si ello forma parte de nuestro destino.

Las diferencias entre lo que es obra del destino y lo que se desea o consigue, sólo pueden ser determinadas a través de un análisis individual, pues no hay ninguna línea científica que permita la claridad. Lo mismo que el destino de una semilla es echar raíces, crecer en busca del sol y desarrollarse para finalmente integrarse de nuevo en la tierra, el ser humano tiene su destino marcado —nacimiento, desarrollo y muerte-, pero lo esencial es solamente una parte del todo. Del individuo depende decidir cómo será su futuro, su voluntad, y el trabajo para conseguir sus deseos. Frecuentemente es el individuo quien tiene más que aportar, aunque su destino será finalmente la suma de todas las cosas, predeterminación y acción personal.

No crea tampoco que su niñez determina el resto de su vida, y no se escude en los traumas que manifiesta reiteradamente tener de esos años. Si antes su vida no fue adecuada ni feliz ¿a qué espera ahora? No utilice como excusa el poco apoyo que tuvo en su juventud o los desprecios que le hicieron; eso es el pasado y no lo utilice como freno para sentirse víctima. Su vocación, su pareja perfecta o su estado de salud óptimo no tienen edad y puede surgir en las postrimerías de la vida, incluso en la jubilación. No hay una época mejor y ni siquiera se requieren unas condiciones físicas óptimas para alcanzar nuestro ansiado destino óptimo. Lo único importante es que cuando llegue esa señal la sepamos aprovechar.

**¿Qué causa que un deseo sea cumplido?**

En el primer lugar, los deseos determinan nuestras acciones y se diferencian por:

Cómo es el deseo.

Cómo influye en los demás.

Cómo lo quieren los demás.

Para qué se hace.

En otro nivel, los deseos son una forma de acciones y tiene dos componentes:

Samskaras, que guardan la forma del deseo.

Brahma, o la energía que creó el universo, pero que también está presente en cada ser humano.

**¿Por qué no se cumplen los deseos inmediatamente?**

Los deseos se cumplirán antes si son pocos en número y solamente se harán realidad si la persona se une con la divinidad o con universo –usted pone el nombre-. Y puesto que no estamos solos, la comunicación es posible.

Es muy probable que los deseos varíen en fuerza y en términos de dificultad para conseguirlos. Esto debe ser entendido: los deseos se materializan por nuestro esfuerzo y buen hacer; nadie nos lo traerá a nuestras vidas como si se tratase de un mensajero de correos.

No obstante, los deseos pueden crear una distorsión en el cosmos, así que con frecuencia habrá que cambiar en la forma de vivir y pensar.

**Crear la vida que deseamos**

Cambie su vida hoy, pero ello implica seguir estudiando, trabajando, leyendo, practicando y aprendiendo. No abandone, no huya, no se aísle. No importa lo que vea o sienta. Los cambios están sucediendo, incluso aunque no los entienda; pero esté atento a las señales que le llegan. Sólo debe limpiar sus pensamientos hostiles.

El subconsciente controla lo que atraemos y nuestra experiencia refleja lo que nuestro subconsciente cree que estamos haciendo.

Cuando la Ley de la atracción dice que el deseo es un don de lo divino y todo lo que se pueda imaginar se puede lograr, no le está engañando. El Ho'oponopono no pretende conocer la mente de la Divinidad, excepto para decir que todas las cosas son posibles para Dios; esto nadie lo niega.

A través del Ho'oponopono los pensamientos que aparecen en la mente podría ser de la Divinidad o el ego, pero simplemente sabremos la procedencia cuando no son contraproducentes.

Puesto que no sabemos el origen de nuestros pensamientos, es necesaria la limpieza constante de todo pensamiento hostil, así conseguiremos eliminar la barrera de nuestros recuerdos que oscurece nuestra visión de lo divino.

Debido a que todos los pensamientos, especialmente los perjudiciales, son el ruido que oscurece la voz de la divinidad, debemos limpiarnos constantemente y vivir en la gratitud y la alegría del momento presente. Pero no se confunda, pues hay una distinción sutil, pero muy importante, recuerde eso de "hágase la voluntad de Dios" y que "la creencia crea la realidad".

Debe creer en su capacidad para que se manifieste todo lo que desea, simplemente porque esta es una función del pensamiento. En la Ley de atracción, se recomienda que utilice herramientas como imágenes, tablas escritas y la creación de películas en su mente para fomentar la creencia.

La alegría lleva a la manifestación sin esfuerzo. Fuera de la vida actual podemos volver a un estado de mansedumbre, bondad, amor y servicio, y es a partir de esta bondad esencial cuando brota la manifestación.

El silencio interno permite conectarnos con la Divinidad y en el momento en que no hay pensamientos, sólo queda el Creador. En realidad no atraemos a la vida lo que queremos, sino lo que somos y lo que somos está en función de los recuerdos de la mente subconsciente. Así que ya sea que estemos practicando la Ley de atracción o el Ho'oponopono, la única barrera a los deseos son los recuerdos que controlan la experiencia.

Debemos manifestar aceptación y gratitud por lo que no queremos y al ofrecer un estado de aceptación para lo que venga a nuestras vidas, no nos resistimos a la vida misma. Cuando eliminamos la resistencia a la vida, lo que queda es el poder para permitir que la mente divina brille sobre nosotros. Puesto que la Divinidad siempre brilla, es simplemente nuestra resistencia lo que bloquea la luz. No obstante, aunque la Ley de la atracción es una verdad absoluta, a menudo es mal utilizada para tratar de cambiar lo que es. Esta resistencia  es causa de todo el sufrimiento y prohíbe la manifestación de que pensemos en lo que deseamos.

La razón por la que hay millones de personas que son conscientes de la Ley, pero están frustrados por la aparente incapacidad para cambiar su experiencia, se debe precisamente a que están tratando de cambiar su experiencia.

### Evitar el sufrimiento

Todo lo que hacemos cuando examinamos nuestro sufrimiento y el dolor, es reforzar su existencia. La mente inconsciente no atiende a razones y refuerza la creencia de un sufrimiento aparentemente insoportable. No busque apoyo en los demás que le afiancen esas sensaciones desagradables mediante la pena y la lástima. No somos solidarios cuando nos unimos al dolor de alguien, sino cuando intentamos evitarlo o mitigarlo. Los cómplices del dolor no ayudan y terminan demostrándolos que tenemos razones para estar dolidos.

Cuando nos resistimos a admitir que estamos dolidos, si negamos su existencia mediante el jolgorio o las risas,  lo aparcamos en el inconsciente y tarde o temprano volverá a salir. Admitamos que la vida está compuesta del día y la noche, de la alegría y el dolor, de la enfermedad y la salud. **Los pensamientos positivos terminan siendo una trampa basada en la ficción.** Usted puede poner cien carteles en su casa que hablen de felicidad, pero esto es solamente un escaparate de su existencia. Puede atraer la felicidad, qué duda cabe, pero no lo conseguirá negando su dolor.

En cuanto a nuestras experiencias no deseadas, a los pensamientos, sentimientos y acciones sin juicio, a la ira o el rencor, solamente el arrepentimiento y el perdón le puede librar de ellos. Es la existencia misma de la experiencia, con gratitud y amor, lo que nos permite liberar la memoria. Así que si desea que los deseos se cumplan, debe permitir que su inconsciente se libere de los recuerdos indeseables; pero no los niegue, admítalos y cámbielos.

El mundo consciente, el campo unificado, se cambia por la intención y esta debe venir de un lugar desprovisto de ego. El apego a los resultados inmediatos, la necesidad que llevó a su demanda, no puede ser nunca la fuente. Así que dado que no sabemos si nuestros deseos son de ego o están inmersos en el orden universal, debemos limpiar los pensamientos hasta que sólo quede la pureza y la ausencia de rencor.

*Todos tenemos un espíritu o un ángel que se ocupa de nosotros, pero debemos creer en él para que nos ayude. ¿Cómo podríamos sintonizar una emisora si ni siquiera encendemos la radio?*

Una vez que hemos especificado nuestro sueño, nuestro deseo de vida, debemos delimitar los requisitos para que se pueda materializar. El destino empezará entonces la serie de acontecimientos que deberán ir sincronizados para que se pueda lograr. En la medida en que esa serie de acontecimientos se vayan dando, así de cercano estará nuestro deseado final. Algunos hechos se repetirán machaconamente, lo que indica que las circunstancias deberán consolidarse para poder seguir adelante. Pero ¿qué ocurre si no se desencadena ninguno de estos acontecimientos? El sueño, el deseo, es un error y obliga a modificarlo cuanto antes.

También puede ocurrir que no tengamos un deseo de vida concreto, que estemos confusos en nuestras aspiraciones y conozcamos nuestras limitaciones.

**Es necesario ser ambiciosos y dejar que el destino nos marque nuestra senda por la cual debemos ir**. Al final estará la sorpresa que estábamos esperando, aquella que llevamos grabada en el alma desde que éramos niños.

De repente hay algo que nos gusta más y otras cosas que ya nos aburren. Nuestra mente siente interés por algo nuevo o recuperamos una afición perdida. Los acontecimientos no son casuales y debemos dejarnos guiar, pero hay que ponerse a trabajar. Si intentamos alcanzar nuestro sueño basándonos en alguien concreto, con el deseo de ser como él, para lograr las mismas cosas, fracasaremos. Los arquetipos funcionan una sola vez, pues no hay dos seres iguales en el universo. Debemos crear entonces nuestro propio arquetipo, algo único que nos diferencie. Los sueños de los otros nunca serán los tuyos. Eso no es posible.

El destino es como una semilla: ella es el comienzo de nuestra vida, que una vez plantada su destino es crecer y engendrar nuevas semillas. Si la cuidamos y nadie se interfiere, la existencia se completará; pero los elementos externos como la sequía, la falta de nutrientes, los depredadores o la competencia con otras especies, puede malograr o perjudicar nuestra existencia.

**Aunque el destino esté en nuestra contra podemos modificarlo, del mismo modo que el agricultor lucha contra las heladas y las plagas.**

La física cuántica es solamente una explicación científica de los fenómenos ya observados por las personas, como por ejemplo cuando planificamos nuestras futuras vacaciones. Meses antes de que se produzcan ya estamos visualizando situaciones, lugares y hasta las sensaciones que recibiremos bajo los rayos del sol. En nuestra imaginación posiblemente logremos mayores beneficios que cuando vivamos el momento real. **Hay que crear la realidad incluso antes de que sea un acontecimiento vivido**, lo que permite vivir intensamente los sucesos sin los inconvenientes que pudieran surgir en el futuro. Aunque no los llegásemos a vivir, hasta la última de nuestras células habría sentido ya las mismas sensaciones que si las hubieran vivido realmente. ¿Con cuál de las dos realidades nos quedamos?

**Dejar fluir al destino**

No hay que resistirse, pero ello no significa no hacer nada. La pasividad nunca lleva al cambio. Hay que permitir que el destino teja su madeja, que sincronice los acontecimientos en nuestras vidas, estar alerta a todo ello y actuar favoreciendo todo. Hasta que el poder de estas sencillas palabras se convierta en una parte de su realidad, su experiencia no va a cambiar.

Si en este proceso ocurren experiencias que no quiere, hay que dar las gracias por aparecer en su conciencia y que le da la oportunidad de liberarlas y sólo usted puede optar por dejar que los recuerdos se vayan. Seguramente allá fuera hay alguien que le cuida, pero no olvide que usted tiene libre albedrío; es una condición humana única en todas las especies.

## Bloqueos

La técnica Ho'oponopono actual, como hemos apuntado, es una versión modificada de la misma por Morrnah Simeona. Ella y sus estudiantes creen que somos los creadores de nuestra propia realidad, y que por lo tanto, cualquier problema en la vida es consecuencia de nuestros deseos y pensamientos. Aunque posiblemente esta conclusión no se puede aplicar a todos los aspectos de la vida, es posible que algo de nosotros mismos esté bloqueando nuestros deseos. El Ho'oponopono es increíblemente eficaz para esto y sorprendentemente simple. Simplemente debe considerar una parte de su vida y repetir el mantra: "Lo siento, perdóname, gracias, te amo". Increíblemente poderoso si piensa acerca de ciertas cosas que le están molestando y centrarse en ellas. No rehúya sus conflictos, no los niegue. Admítalos y luche contra ellos. Hay pocas técnicas que funcionen con tanta rapidez para silenciar pensamientos irritantes. Luego una vez que haya limpiado su mente, abra su vida a nuevas cosas.

Pero no se equivoquen, deben utilizar este método con honestidad y darle una oportunidad a través del tiempo. No es algo tan simple como tomar una pastilla y luego sentirse libres de dolores. Usted debe saber que **la felicidad requiere un esfuerzo**.

El mantra "Lo siento, perdóname, gracias, te amo" es tan sencillo que muchas personas dudan de su eficacia. Parece que solamente pueden apreciar lo que cuesta mucho dinero. Además, es universal y funciona para todos; no somos criaturas seleccionadas por el cosmos para alcanzar la dicha. Pero hágalo y verá cómo su vida mejora. Y cada vez que se vuelva a complicar, comience de nuevo.

Con el tiempo, su vida mejorará sensiblemente y se sentirá más ligero, libre de cargas. Aprenderá más de lo que esperaba y técnicas que son fáciles de usar todos los días. Cambiará algunas cosas viejas y se sentirá transformado. También conocerá a algunas personas encantadoras con las que compartir su dicha, aprenderá técnicas fáciles de cambiar lo viejo, aumentará la intuición y alcanzará un montón de cosas que se usan en la vida cotidiana.

### Errores en la petición al destino

1. No tener clara la razón de la petición

La mayoría de las personas parecen tener bien definido lo que quieren que mejore en su vida, sea dinero, trabajo, salud, belleza, amor... aunque de modo global se podrían referir a ser felices. Razonables peticiones, pero con frecuencia ambiguas. Y cuando un mensaje es ambiguo no es entendido o no llega a su destino. También es posible que se considere como una propaganda masiva que cuando la recibimos ni siquiera la leemos. Puesto que alguien "allá arriba" nos escucha, es mejor que seamos concisos.

Debemos saber la verdadera razón por la que queremos aquello que decimos tener. De no ser así, es posible que atraigamos más de lo que no queremos. Si queremos fama, éxito o riqueza para poder demostrar al mundo que valemos, es posible que todavía no estemos seguros de valer y necesitamos que otros nos reafirmen nuestros valores.

Nuestra valía es posible que deba ser reconocida, a fin de cuentas eso ha ocurrido con los miles de personas que han dejado su pequeña o gran huella en el mundo. Pero nada será reconocido como válido si no hemos aportado suficientes pruebas.

Es posible que queramos  tener éxito, felicidad y dinero para poder demostrar al mundo, a la familia, o para nosotros mismos que somos inteligentes. ¿Un reconocimiento plausible? Indudablemente. **Pocos artistas harían sus obras para enseñárselas a los árboles del bosque**. Reconozca su valor aunque todavía no haya alcanzado reconocimiento, pero deje que sus pruebas y actos le pongan en su lugar social.

Una vez que sepa con claridad para qué quiere eso que demanda, establezca una prioridad. ¿Quiere más dinero?  Establezca el destino de ese dinero cuando le llegue, pero no se olvide de ayudar a las personas que le han apoyado en su necesidad de dinero.

¿El resto de sus asuntos van bien? Quizá es posible que existan relaciones familiares enquistadas desde hace años que deben solucionarse mientras estemos vivos. Para estos asuntos el dinero no es esencial, así que ponga esos problemas como prioritarios.

Todas las cosas son posibles, pero hay que saber por qué las queremos realmente, antes de para qué y así evitará recibir lo que no quiere.  No crea que el de "arriba"  vela día y noche por su bien y solamente le dará venturas. Si existe ese Ser tan maravilloso,  seguramente  estará  demasiado ocupado como para estar tan pendiente de sus deseos, mucho menos cuando son ambiguos. Haga las cosas correctamente y verá que sus anhelos llegan a buen fin. **No siembre calabazas si realmente desea tomates**.

Hágase la siguiente pregunta: ¿Qué significará eso cuando lo reciba? Mantenga esta pregunta continuamente hasta que descubra la verdadera razón de por qué lo quiere.

2. No establezca conflictos entre sus creencias y lo que quiere.

Esta puede ser la verdadera causa del fracaso en sus peticiones. De hecho, si su creencia está en conflicto con lo que usted quiere, es que tiene una creencia limitante, un bloqueo mental almacenado en su mente inconsciente que limita o bloquea su capacidad de manifestar lo que quiere. Por ejemplo, si quiere que llegue el amor de su vida pero no se considera guapo, ni carismático, ni siquiera con cualidades que le hagan capaz de ser amado, ¿qué espera que sienta por usted una persona? O, necesita un buen trabajo pero no tiene la suficiente cualificación personal. ¿A qué espera para aumentar sus conocimientos? Quiere respeto y poder, pero le falta valor o inteligencia. ¿Qué tal una ayuda para reforzar su autoestima? Quiere estar delgada porque no se gusta cuando se mira al espejo, y se odia por estar gorda. Debería darse cuenta que la belleza es subjetiva y depende del ojo que la mira.

No importa lo mucho que visualicemos, meditemos o usemos afirmaciones, porque si todavía tenemos estas creencias subyacentes, estaremos atrayendo lo que no queremos. Por lo tanto, siempre vamos a encontrar exactamente lo que no deberíamos. Acepte sus limitaciones y muévase dentro de ellas, no las exagere. A todos nos pueden poner un 10 en alguna faceta de nuestra personalidad.

¿Quiere que le asciendan en su trabajo? No lo pida solamente porque necesita ese reconocimiento en su empresa. Hágalo porque se lo merece, porque tiene méritos y conocimientos, porque así la empresa funcionará mejor y se merecerá con creces el dinero que le pagan. Por favor entienda esto: cuando su querer y creer son conflictivos, las Leyes de atracción no funcionarán en el camino que desea. Es posible que le despidan de su trabajo para que desde entonces aprenda a portarse mejor con sus compañeros.

3. No se haga la víctima

Un error crítico es cuando la gente utiliza la Ley de la atracción para curar su rencor como víctima. Su deseo es alcanzar el amor para demostrar a quien ya no está a su lado, que es feliz. O tener trabajo y dinero para no sentirse inferior a sus amigos o familiares.    El problema es que hablando y pensando en penurias o injusticias, lo que está haciendo  es una declaración equivocada para el universo. No está demostrando agradecimiento por lo que tiene en su vida.   Cuando usted se siente víctima y actúa de esta forma, atraerá más circunstancias y situaciones contrarias a lo desea.

Debe reconocer que donde está ahora es un lugar adecuado, quizá no perfecto, pero que en cualquier caso hubo un momento en el que decidió vivir allí, no forzado por las circunstancias, sino porque así lo decidió en ese momento. La mayoría de la gente decide vivir de un modo y si les sale mal luego se arrepienten y culpabilizan a algo o alguien.    Es habitual la ingratitud por lo que tienen ahora, pero creen que demostrarán agradecimiento cuando consigan lo que quieren. De momento, se quejan. Pero ¿sabía que quejarse de lo que no se quiere es una forma de pedir eso mismo? Quejarse es pedir. Centrarse en lo que no se quiere es pedir. El universo solamente entiende el sí.   Y cuanto más se enfoca o queja de lo que se tiene o lo que no se quiere, más perpetuará esa situación.   Si se siente ahora víctima, renuncie a ello y esté agradecido por dónde se encuentra y lo que tiene ahora.

4. No cambie bruscamente su rutina de vida

Cuando algunas personas hacen una intención para que su vida mejore, inmediatamente comienzan a realizar cambios drásticos en sus vidas. Por ejemplo, si queremos un coche nuevo, tendremos que endeudarnos durante un largo tiempo, o si queremos iniciar un nuevo negocio, tendremos que dejar el trabajo actual. Esto puede ser un grave error, salvo que disponga ahora de los ingresos para hacer los pagos del coche o el dinero para mantener a sus necesidades, mientras está comenzando su nuevo negocio.

Si cambia bruscamente su vida, y su Ego le hace creer que puede con todo, va a entrar en un modo de supervivencia y comenzará a preocuparse solamente por el dinero. Entonces va a comenzar a tener dudas acerca de su capacidad y comenzará a centrarse en la falta de dinero. Si sigue haciendo su trabajo y vida habitual, pero se enfoca en su petición, comenzará a encontrar a las personas adecuadas, las circunstancias y situaciones, hasta que le llegue lo que desea.

5. Hay que definir cómo vivirá cuando tenga lo que desea

En el momento en que declare su intención de que quiere estar más delgado o ser vicepresidente de una empresa, o lo que quiera, su mente analítica comienza un largo proceso para averiguar cómo, pero tranquilícese.

Debe aprender a relajarse y escuchar la "pequeña voz interior" y dejar que los sucesos se manifiesten. Debe conocer y confiar en que aquello que desea está en camino. Si trata de averiguar la forma en que todo va a suceder, repele los acontecimientos, porque se fuerza el proceso de manifestación. Las semillas deben crecer lentamente. La forma de su nuevo resultado llegará cuando esté relajado o cuando intuya algo que le sirva de guía, mientras que esté soñando o meditando.

6.   Su foco no debe ser exclusivo

Cuando se manifiesta lo que se quiere, y solamente se fija la mente en ello, no se está aprovechando del flujo de la abundancia del universo. Aunque admita que sus posibilidades van a depender también de otras personas, debe convertirse en un colaborador de esas personas. Cuando   ayudamos a la gente a conseguir lo que quieren, es fácil conseguir lo que se quiere. Tendremos lo que damos.

**Si usted está centrado en sí mismo, las Leyes universales no trabajarán a su favor.** Somos un conjunto de millones de personas, no lo olvide. De hecho, su preocupación mayor debería ser no atraer más de lo que no quiere.

7. No oculte sus deseos a las personas

Muchas personas cometen el error de establecer una intención de manifestar algo y luego lo guardan para sí mismos. Esto suele ocurrir porque se avergüenzan, o creen que las personas le pueden ridiculizar o que son estúpidos por dar validez a la Ley de atracción. O puede provenir de los comentarios que escuchó a sus padres, que le dijeron que debe ser humilde y no fantasear, presumir o alardear acerca de lo que está haciendo.

Si desea acelerar la consecución de los deseos, tiene que superar ese mecanismo de duda, pues esos comentarios provienen de otras personas, no de uno mismo. Es bueno que comparta sus dudas, pero no asuma los miedos de las personas.

Hay personas que le dirán que no hable de sus deseos. Pero somos parte del universo y el universo somos todos. **Cuando usted les dice sus anhelos, es como estar fortaleciendo su intención**, porque le está diciendo al universo qué es lo que desea.

Debe estar y hablar con la gente, pues cualquier persona con la que se cruce, en la tienda, en la gasolinera, en un restaurante, o donde sea, posiblemente establezca la sincronía que le faltaba. Tiene que estar convencido de que el creador o la inteligencia ordenadora del universo, le enviará a las personas adecuadas en el momento oportuno una y otra vez para ayudarle a manifestar lo que desea.

Si necesita dinero, por ejemplo 50.000 euros, no lo diga así. En lugar de ello diga algo como "Necesito ayudar a mi familia a pagar sus deudas o adquirir una vivienda".

8. No espere los resultados demasiado rápido

Esta es una importante causa del fallo por la forma deliberada al manifestar lo que se desea, porque cuando se juzga la situación, es posible que se esté pidiendo algo equivocado. Aún así, queremos que se produzca en plazo concreto y corto. Bueno, la Ley de la atracción no es instantánea y si lo fuera, la vida sería un infierno porque las cosas estarían apareciendo y cambiando constantemente.

Recuerde, hay un tiempo para sembrar y un tiempo para cosechar y ambos no se producen al mismo tiempo. Tiene que aprender a relajarse y disfrutar de la situación, incluso cuando no es como se piensa que debería ser. Tiene que aprender a practicar la gratitud, el aprecio y el reconocimiento y la confianza de que lo que quiere llegará. Una vez que renuncia a su resistencia, las cosas que quiere se manifestarán. Es el estrés, el miedo, la duda, la ansiedad, la ira, el resentimiento, la culpa, la frustración y abrumar, lo que le impide que se manifieste lo que desea. Estas son las armas de la mente negativa que provocan que no se consigan los deseos.

En lugar de relajarse, muchas personas entran en pánico cuando no está pasando nada. Cuando ello ocurre, atraemos a la vida lo que tenemos en la mente y difundimos un mensaje al universo que dice: "Yo no quiero eso". Hay que aprender a estar mentalmente en un lugar donde se confía en que todo va bien. Si una situación parece ser desastrosa, hay que confiar en que algo bueno va a salir de esa situación. Por ejemplo, si se piensa en un buen trabajo es posible que le despidan del trabajo actual y hay que aceptarlo como el paso previo. Solamente los monos consiguen soltar una rama cuando ya tienen otra bien agarrada. En ocasiones, sin embargo, los más audaces sueltan la rama que les mantenía seguros y dan un salto al vacío en busca de un árbol más sólido y confortable. Y recuerde esa frase de que "cuando una puerta se cierra, otra se abre". El mal, el caos y la destrucción, así como la reconstrucción son el principio de la creación.

No se pueden manifestar cosas increíbles sin ser capaces de soportar un desastre, el caos y la destrucción. Estar conectados con la fuente significa que tenemos que ser capaces de mantenernos al margen de un estado de pánico. Si no lo hace, le llegará lo que no quiere.

9. Debe apostar por su renovación

Muchas personas tienen tendencia a no dar ningún crédito a sí mismos cuando ven que nada está ocurriendo según sus deseos. Lo que se quiere siempre se manifiesta. Sin embargo, puede que no tenga el aspecto que creía tendría, pero siempre es mejor. Puede que necesite cambiar de empleo, pues su sueldo es pequeño, pero lo que ocurre es que le mejoran su trabajo y ahora es más confortable. No menosprecie esa mejora. Recuerde que su intención por lo general consiste en vivir mejor que ahora, aunque está convencido de que el dinero es la clave.

10. No se obsesione con aquello que necesita y pide

Al estar obsesionado con lo que quiere, está fijando su pensamiento en lo que no tiene en su vida. Al hacer esto, está gritando un mensaje al universo, "No tengo lo que quiero." La razón principal por la que está apegado al resultado es debido a la duda y la falta de confianza en su capacidad de manifestación.

Lo que debe hacer es estar tranquilo y saber que lo que quiere vendrá sin dudar. Debe reconocer el flujo y reflujo de lo que quiere manifestar. **No hay bello amanecer si antes no ha habido una noche tormentosa.** Si desea más dinero, una nueva relación, o cualquier otra cosa, no se obsesione con ello. Viene en camino. Aunque ya sabe que "allá arriba" tienen su propio sentido del tiempo. Quizá es porque son eternos. Debe permanecer tranquilo y saber que viene ahora. De lo contrario, la obsesión terminará convirtiendo el deseo en basura.

### 11. Asuma sus riesgos

Asumir riesgos puede ser inquietante, ¿no es verdad? A veces, cuando nos enfrentamos a la decisión de dar un salto de fe o jugar a lo seguro, tenemos un momento de pánico. En algunos casos, el miedo puede ser saludable, pues nos vuelve prudentes. A veces, sin embargo, realmente no estamos listos para dar ese salto de fe. **América no se hubiera descubierto si alguien no hubiera tenido un pensamiento osado.**

### 12. En ocasiones, el viaje es más importante que el destino

Cuando la mayoría de nosotros establece una meta o tratamos de mejorar nuestras vidas de alguna manera, nos centramos sólo en el resultado final que queremos conseguir. Lo vemos brillando en la distancia como la tierra prometida, nuestra propia utopía personal. Fantaseamos acerca de cuánto mejor será nuestra vida cuando lleguemos a nuestra meta, y no podemos esperar a llegar allí. Piense también en todo el cambio existencial que está logrando solamente por mantener su deseo de mejora.

## 13. No limite su ambición de mejora

¿Alguna vez se frena mediante excusas? Usted ha decidido querer algo, pero entonces su mente empieza a escupir todas las razones por las que no se puede tener o lograrlo: no tengo tiempo suficiente, no tengo suficiente dinero, no tengo suficientemente talento, no sé cómo proceder, ¿y si fracaso? Creo que estoy loco por intentarlo. Elimine los negativismos de estas interrogantes y verá el cambio tan grande que experimenta.

## 14. Estar confuso

Atraer las cosas que se quiere puede ser confuso a veces. Las emociones, las creencias y las expectativas, juegan un papel en lo que uno aspira y decide hacer. Si piensa que sus creencias limitantes y emociones negativas podrían estar obstaculizando su capacidad de atraer lo que quiere, pruebe a comentarlo con un amigo.

15. Tenga fe

Muchas veces nos debatimos entre la prudencia y la audacia. O considera que las acciones de cambio drástico son un suicidio que sólo llevan a la ruina. Creemos que para tener éxito necesitamos un arrojo especial, o ser valientes, pero lo único que necesitamos es fe. Si nunca ha hecho esto antes, sepa que un proceso poderoso y estimulante.

**Formular un deseo**

*Querer es una gran cosa porque a la voluntad suelen seguir la acción y el trabajo, y el trabajo va casi siempre acompañado del éxito.*

Vamos a realizar la formulación de un deseo:

*1. Formule su deseo del modo más positivo posible*

Para que un deseo llegue a ser realidad, y en especial para impedir que tenga un efecto contrario al que se pretende, debe expresar lo que *va* a obtener, y no lo que *desea* tener.

Por consiguiente, en lugar de decir: "No quiero tener esta úlcera de estómago..." deberá decir: "Mi úlcera está mejorando continuamente". En lugar de decir: "Quiero que me valoren en mi trabajo", "Me están empezando a valorar en mi trabajo" En lugar de decir "Ya no voy a tener preocupaciones financieras...", deberá quitar el "no" y decir: "Mi situación económica comienza a mejorar ahora".

Como hemos visto, la mente puede enviar mensajes incorrectos a esa fuerza que llamamos "El destino". Al no estar preparada para descodificar un mensaje o un deseo, sólo percibe la idea dominante, sea dolor, preocupación o angustia. Si usted dice "No quiere tener problemas económicos", Las palabras "no" y "problemas", constituyen la idea dominante, no el mensaje en sí.

## 2. La gramática es importante

Hay quien solamente habla del tiempo presente, del ahora. Así que en lugar de decir "Encontraré un buen trabajo...", sugieren que es mejor decir: "Ahora tengo un buen trabajo", aunque no sea cierto. Esto puede conducir, sin embargo, a una negación del problema actual y al conflicto mental que obviamente se desarrollará. Decir que somos millonarios o que tenemos ahora buena salud puede suponer un buen mensaje a nuestras células, pero quizá el destino no lo vea como una necesidad, puesto que aparentemente no hay problema que resolver. Por lo tanto, la utilización del tiempo presente, de vivir el ahora, plantea ciertos problemas.

### 3. *Formule sus deseos de un modo progresivo*

No pretenda lograr todo el mismo día. El hacedor del destino quizá no tenga tanta prisa como usted para resolver su vida. Primero resuelva o formule sus necesidades más imperiosas a cubrir, o quizá le sea más interesante pensar en grande, aunque tarde más tiempo en conseguir sus sueños. Puesto a pedir ¿por qué no ser ambiciosos? Si su problema es de peso, puede decir "Estoy adelgazando día a día..." o: "Dentro de muy poco tendré ya mi peso ideal". Si su problema es de relación sentimental: "Estoy siendo cada vez más querido por esa persona y mi relación es muy positiva"

### 4. *Intente que sus deseos sean breves*

Hay quien, sin embargo, recomienda no enviar frases concretas y eliminar toda palabra innecesaria, por ejemplo: repetir machaconamente, dinero, amor, felicidad, belleza. La ventaja de estas palabras milagrosas es que son sumamente simples, no implican ninguna contradicción y pueden aplicarse a casi cualquier aspecto de la vida. Puesto que en realidad buscamos el éxito en todas partes, en nuestras relaciones, en nuestras profesiones, etc., la palabra "éxito" puede estar entre las preferidas.

En general, las formulaciones que son demasiado largas causan menos impresión sobre su mente y por consiguiente son menos efectivas.

## 5. *Utilice palabras claras y directas*

La ambigüedad puede hacer que las cosas no le salgan bien: Por ejemplo: "Quiero saber si debo elegir a Pedro o a Juan". La petición "Me gustaría vivir en Nueva York", tampoco indica un deseo claro, y debería sustituirse por "Voy a vivir en Nueva York".

# CAPÍTULO 6

## HO 'OPONOPONO

## Volviendo al Ho'oponopono

Aunque no se utilizó inicialmente la palabra Ho'oponopono, los primeros historiadores de Hawai documentaron una creencia de que la enfermedad estaba causada por romper el kapu, las Leyes espirituales, y que la enfermedad no se podía curar hasta que la víctima pagaba por esta transgresión, a menudo con la ayuda de un sacerdote (kahuna). El perdón se solicitaba a los dioses o mediante la persona que había sido víctima del conflicto.

Para llegar a ello había una práctica en la que se involucraban los miembros de la familia afectada, así como el trasgresor y su familia, y con frecuencia todo el pueblo cercano. La idea era restablecer las relaciones familiares y tribales rotas. Algunas familias se reunían diariamente o semanalmente, para evitar problemas de enquistamiento, aunque siempre bajo la mirada de un conciliador o moderador.

Había la creencia de que cuando una persona enfermaba, era porque había sido causada por el estrés de la ira hacia el agresor, la culpa por el daño ocasionado, las recriminaciones y la falta de perdón, otorgado o solicitado. Incluso cuando un niño enfermaba su abuela le preguntaba a los padres, "¿Qué has hecho?" Así que estaban convencidos de que la curación solamente podía llegar con el perdón completo de toda la familia.

## Historia

Hay mucha confusión a raíz de los libros publicados sobre el Ho'oponopono, así que resultará clarificante visitar la historia del antiguo Hawai.

Hasta el descubrimiento de Hawai en el siglo XVIII por los ingleses y la posterior inmigración europea, americana y asiática, este lugar apartado fue cuna de una carismática civilización que comenzó en el siglo IV. Allí se desarrolló un entramado social basado en un sistema de castas, regido por un amplio conjunto de tabúes de tipo religioso y social, conocidos como sistema kapu.

El sistema kapu gobernaba casi cada acto de la vida hawaiana e incluía miles de reglas que identificaban lo que la gente podía y no podía hacer. Ellos se referían como "hacer lo correcto" (traducción de Ho'oponopono).

Este sistema se basa en las creencias acerca de maná o poder espiritual, pues los hawaianos creían que todo lo relacionado con los dioses tenía maná. Creían que el kapu (reglas) fueron hechos por los dioses e interpretados por los ali'i y el kahuna que también estaban obligados a respetar el kapu. Y puesto que los ali'i eran descendientes de los dioses, como resultado, tenía mucho maná. No se permitía que nadie tocase la ropa o cualquier otra cosa que los ali'i habían tocado a excepción de las kaukau ali'i que eran asignadas al cuidado de sus pertenencias y objetos personales. La explicación era que había una pérdida de maná si alguien de menor rango entraba en contacto con los objetos personales del Ali'i.

Había kapu sobre casi todo en la vida hawaiana. Por ejemplo, cuando los pescadores estaban preparando sus aparejos, todos en la comunidad tenían que guardar silencio. Otros kapu no permitían que las mujeres comieran ciertos tipos de alimentos, y algunos regulaban la construcción de una casa, una canoa, el nacimiento y las ceremonias de muerte, y muchas otras actividades

Transgredir la Ley kapu

Las penas eran severas por romper kapu y había un ejecutor que se encargaba de detener al trasgresor y condenarlo a muerte mediante estrangulación, lapidación, fuego o ahogamiento. La cárcel no existía, así que para evitar tal castigo solamente quedaba efectuar el ceremonial Ho'oponopono o el destierro. Esa fue la principal causa de la intensa propagación del Ho'oponopono como sistema de reconciliación y justicia, estableciéndose así un lugar de refugio y perdón.

La creencia kapu ayudó a los ali'i y kahuna a mantener su poder sobre el pueblo y las personas, pues estaban convencidos de que romper el kapu traería la ira de los dioses.

Algunos ejemplos de las Leyes kapu:

1. Los hombres y las mujeres tenían que comer por separado.

2. La comida para los hombres y las mujeres tenía que ser cocinada por separado en los hornos subterráneos.

3. La mujer tenía prohibido entrar en casa mientras su marido estaba comiendo.

4. Las mujeres tenían prohibido comer ciertos alimentos, entre los que destacaban el cerdo, plátano, coco, y ciertos peces.

5. Un plebeyo podría ser condenado a muerte si su sombra se posaba sobre la casa de un ali'i o cualquier cosa que hubiera pertenecido al ali'i.

6. Cuando un ali'i de alto standing comía, las personas a su alrededor tenían que arrodillarse.

7. Ofrendas de cerdo, coco, pescado rojo (kumu) y awa eran sacrificadas a los dioses antes de que un árbol fuera cortado para hacer una canoa.

8. En tiempo de guerra, los dos primeros hombres que morían en la batalla eran ofrecidos como sacrificios a los dioses.

9. Los pescadores Opelu se reunían en su choza especial para pasar la noche juntos y así adorar a su dios de la pesca.

10. Durante los meses de verano, el pescado aku era kapu y no se podía comer.

11. Había que hacer una tala estricta de árboles Iliahi (sándalo), para estar seguros que los suministros no se agotarían.

## La colonización

La colonización de Hawai comenzó hace unos 1.500 años, con la llegada de los polinesios de las Islas Marquesas, aunque dada la precariedad de sus sistemas de navegación basado solamente en las estrellas, fue un milagro que llegaran después de navegar más de 2.000 kilómetros en canoas.

500 años después, los colonos de Tahití trajeron sus creencias basadas en dioses y semidioses, estableciendo la férrea estructura conocida como kapu (reglas o tabú). Después crearon una cultura peculiar que dio lugar al arte de la hula, aunque no pudieron evitar los numerosos conflictos entre los caciques gobernantes.

En el siglo XVIII el capitán James Cook llegó a Hawai y las denominó "Islas Sandwich" en honor del conde de Sandwich, abriendo la isla al comercio con el oeste. Cook fue asesinado sólo un año más tarde en Kealakekua Bay, un lugar de Hawai.

En 1810 se unificaron las islas de Hawai en un solo reino real y en 1819, se abolió el antiguo sistema kapu. El desamparo por no poder comunicarse con los dioses ocasionó la buena acogida que hicieron a los primeros misioneros protestantes que llegaron a la isla de Hawai. Ya tenían unos intermediarios para seguir hablando con los dioses. Pronto el lugar se convirtió en un puerto de marineros, comerciantes y balleneros, comenzando una clara influencia occidental. En 1898, Hawai se convirtió en un territorio de los Estados Unidos, una vez anulada la monarquía. Finalmente y después de los sangrientos sucesos de Pearl Harbor en Oahu,

Hawai se convirtió en el 50º estado de los Estados Unidos.

PRINCIPIOS HUNA

- **IKE**: El mundo es lo que cada uno piensa que es y tenemos el poder para transformar nuestra realidad en todo lo que consideremos oportuno. Puesto que somos responsables al 100% de nuestros pensamientos, tenemos el poder de transformarnos no sólo a nosotros, sino a todos aquellos de nuestro alrededor.

- **KALA**: No hay límites imaginativos que no podamos traspasar. Cualquier cosa es posible en nuestra mente y nuestro deseo intenso puede generar el efecto.

- **MAKIA**: Los flujos de energía van donde va la atención. Ese es el modo esencial por el cual las oraciones del Ho'oponopono son tan eficaces. Cuando dirigimos nuestras letanías, una y otra vez, hacia una persona o circunstancia determinada, si nuestro propósito es noble, la sincronización de los acontecimientos logra producir el efecto deseado.

- **MANA WA**: Ahora es el momento de poder, de realizar. No hay demora en lograr nuestros deseos. No hay espacio para el pasado y es mejor comenzar de nuevo, como escribiendo una nueva biografía. Los errores del pasado nos han servido de aprendizaje; pero solamente debemos hablar del presente y futuro.

- **ALOHA**: Amar es para ser feliz. Es el principio elemental, aunque con frecuencia tendremos que amar incondicionalmente, sin esperar un trueque afectivo.

- **MANA**: Todo poder viene del interior, y nuestra fortaleza la podemos traspasar a la persona amada.

- **PONO**: Es la efectividad, la verdad, lo que debe ser y lo que es justo.

**Conectar con la divinidad**

El Ho'oponopono, al igual que la Ley de atracción, una vez que lo hemos asumido en nuestras vidas, siempre está trabajando, lo que significa que si creemos que todo irá mal, así será; aunque también podemos decidir que lo malo ya ha finalizado. Deje sus viejos y roídos equipajes y lleve desde ahora material nuevo. También le recordamos que la Ley de la atracción se basa en algo que los hawaianos han estado haciendo durante años. Ellos no lo llaman "Ley", sino 'Pule' y el significado es "oración", siendo su homólogo "mantra". Ya vemos que el sistema de emplear palabras espirituales es muy antiguo, quizá porque la oración funciona.

Hay algunos matices: rezar humildemente a una deidad, con sumisión, es un error y es mejor estar al lado de ella, como nos merecemos y corresponde. En el rezo, el Ho'oponopono no implora, demanda y pide. **Los protagonistas somos nosotros, no la divinidad**.

Una vez conectados con el divino, quizá no sea necesario pedir nada en concreto, pues se supone que Él sabe qué es lo mejor. Sin embargo, eliminar el esfuerzo no forma parte del proceso de la vida, así que debemos crear nuestro futuro, primero en la mente que está dividida en tres partes: Aumakua, o la mente superior consciente que describía Jung; Uhane, la mente consciente de la vigilia, y Unihipili o mente subconsciente. Cada una con un papel diferente.

En concreto:

**Aumakua,** es algo así como el ángel custodio o "espíritu santo". Siempre sabe qué es lo mejor para nosotros.

**Uhane,** la mente consciente, la personalidad, va a ser quién decida qué rutas elegir.

**Unihipili,** se refiere a lo que el alma quiere para su personalidad, el crecimiento personal, el cual viene con el aprendizaje, y esto es lo que nosotros necesitamos para crecer espiritualmente.

A veces es fácil pensar que nuestros problemas de la vida sólo nos suceden a nosotros, pero en realidad todo el mundo vive inmerso en sus problemas, y es nuestra capacidad de hacer frente y prosperar a través de estas lecciones, que nos construye como seres humanos fuertes, positivos.

El Ser Superior conoce nuestro propósito en la vida (y la mayoría de la gente ya está viviendo su propósito en la vida aunque no siempre lo reconoce, porque tenemos la idea de que el propósito de la vida tiene que ser algo grande y próspero, como salvar a las ballenas, tener mucho bienestar, o ser defensores de los débiles. Esto es el ego hablando.

Muy a menudo nuestro propósito en la vida es aprender a ser una buena madre, o padre, o lograr un buen matrimonio, o cuidar el jardín. También es posible que seamos un maestro, o el imprescindible en la oficina, o una persona anónima en una comunidad local. El universo es algo inmenso y necesita de todos para continuar.

Así que el proceso de nuestra vida debe estar inspirado en el Ser Superior, y buscar llevarlo a cabo mediante una planificación adecuada y un pensamiento consciente que cree hábitos positivos de energía. Lo divino nos ayudará con lo que deseamos, pero no hará el trabajo por nosotros.

Hay un ritual especial hawaiano, para crear energía en su visión de futuro, que podemos añadir a esto. Es, de forma resumida, así:

**Ha Rite**

> 1. Decida exactamente lo que quiere.

> 2. Obtenga la cooperación de los tres cuerpos. Esto requiere la completa relajación del cuerpo, el yo interior y la mente consciente, seguido por la meditación para dibujarlo cerca de nosotros.

3. Genere una carga excedente de mana (fuerza vital). Para ello hay que respirar profundamente.

4. Pida a su ser interior que le ayude en la generación de sus deseos y le proporcione fuerza y determinación para llevar a cabo las cosas que desea.

5. Haga una serie de respiraciones profundas y diga: "Mi vitalidad se está acumulando, mi yo interior está creando energía y está fluyendo como el agua en un recipiente. Puedo ver cómo este mana aumenta más y más".

6. Continúe con la respiración hasta que se sienta completamente lleno y siga: "Ahora yo os mando mi ser interior para sostener esta energía."

7. Haga contacto con su yo superior mediante esta oración: "Espíritu de los padres, que habita en el reino de la luz, le llamo. Que la perfección de su nivel de ser perfecto se refleje en mí ser. Te pido que me guíes en todo lo que estoy haciendo. Que tu poder cree para mí las cosas buenas, y luego aparezcan en mi nivel físico".

8. Haga la imagen mental (pensamiento-forma) de la condición deseada y diga: "Ahora hago en mi mente la imagen mental de aquello que deseo y necesito".

9. Repita su solicitud tres veces con tanta emoción como sea posible: "Me veo a mí mismo con mis deseos satisfechos, tal y como los veía en mi petición y doy gracias por ello".

10. Ponga fin a la oración con un sentimiento de fe y confianza: "Termino mi oración y libero a mi pensamiento anterior para que se materialice como mejor le parezca. Sé que es sólo cuestión de tiempo hasta que mi solicitud aparezca como una realidad en el nivel físico. Mi oración ya está en su lugar y que me caiga una lluvia de bendiciones. Así sea".

Cree un tablero con imágenes que le ayuden, incluso intente dibujarlo con toda su energía, incluso aunque no se considere un artista. Una figura dibujada es mejor que una fotografía, aunque las fotos indudablemente reflejan mejor la realidad. El inconsciente utiliza las cosas literalmente.

Intente que el inconsciente no ejecute otros programas que saboteen tus sueños, con creencias limitantes, siendo esta la razón por la cual algunas personas tienen miedo o fracasan, y otros tienen miedo al éxito, que es mucho más común. **Si cree que el dinero es malo y que los ricos son todos unos indeseables, se quedará pobre**. Tampoco crea que la causa de sus desventuras la tienen siempre los demás.

Por ello, los hawaianos pasan tanto tiempo limpiando viejas creencias, y podemos hacer lo mismo a través de los métodos Huna, incluyendo el Ho'oponopono, e incluso a través de la visualización guiada.

### Los 7 principios del Ho'oponopono

1 Pono Maopopo - Perspectiva Armoniosa

2 Pono Mana'o - Pensamiento Armonioso

3 Olelo Pono- Comunicación Armoniosa

4 Pono Hana - Acción Armoniosa

5 Pono Kahe'e - Práctica Armoniosa

6 Pono Ho'omana'o - Observación Armoniosa

7 Pono Makia - Colección Mental Armoniosa.

Si ha dedicado muchos estudios al método del Ho'oponopono, es muy probable que piense que las expectativas son creíbles, pero hay que reconocer que en principio esta enseñanza es confusa. No obstante, ahora sabemos que puede solucionar conflictos sociales y familiares, tranquilizar las conciencias y llevar a una vida más feliz y armoniosa, así como mejorar nuestra salud y materializar nuestros deseos. Parece una fantasía, pero si estamos experimentando un problema y usamos Ho'oponopono, ¿por qué no habríamos de tener una expectativa favorable para el problema que estamos experimentando?

La verdad es que muchas personas abusan del Ho'oponopono porque lo tratan como un pozo de los deseos. Sus conciencias las dejan en paz... y revueltas. Ven a esta utilidad como un sistema para salir de la pobreza, curarse de una enfermedad o encontrar una pareja sentimental. Indudablemente son deseos loables, pero la finalidad última es la plenitud espiritual.

Hay algunos métodos que afirman también que una persona puede alterar su experiencia de vida en cualquier forma que quieran, o atraer lo que se desea. Si le cobran por ello no les crea, pero hay que dejar claro que el Ho'oponopono no hace esta afirmación. Por el contrario, el Ho'Oponopono le pide que no tenga expectativas de ningún tipo, aunque también le asegura que las cosas mejorarán en su vida. Parece contradictorio, pero hay buenas razones para ello.

Las expectativas, los deseos, son la resistencia contra el flujo de la vida, contra lo que ahora tiene y desearía tener. Usted quiere controlar su destino. Esto no es aceptable, pues se está resistiendo y su energía, reconózcalo, es inferior a la energía del universo. Así que al resistirse, en realidad está proporcionando energía para lo que usted cree que es inaceptable. De hecho, la alimenta.

El psiquiatra suizo Carl Jung describió este fenómeno con estas palabras: "Lo que resistes, persiste".

## El ego

Las expectativas son también la voz del ego, que no es su verdadera voz. Usted desea, pero quizá no necesite. Sus sentimientos, su razón, no son ego. El ego, tal y como ahora se quiere definir, es la excesiva valoración de uno mismo, la conciencia de las necesidades que creemos necesitar, los afectos que nadie nos debe negar o el trato que creemos merecer. Pero el ego también es la mente consciente fuera de control a causa del pensamiento, el juicio, el etiquetado, la crítica, etc.

Esto está bien, esto está mal, esto es bueno, esto es malo. De hecho, el ego no tiene tampoco la sabiduría o el conocimiento para hacer la totalidad de las evaluaciones precisas -a pesar de que insiste en ello y lo hace.

Los deseos y el ego también bloquean la experiencia de la luz, la presencia, la fuente o Dios, que son su verdadera identidad. Esta presencia siempre está ahí y siempre encendida, pero cosas como los deseos y el ego bloquean la conexión con la conciencia. Cuando usted está en conexión con su verdadera identidad, no tiene deseos ni preocupaciones. Está lleno de alegría y paz, y completamente entero; pero debe cubrir sus necesidades.

Quizá no deba preocuparse por una supuesta falta de dinero, o salud, o de compañía, o cualquier otro problema que perciba como importante. Sé que esto suena fácil de decir y difícil de soportar. Las personas que experimentaron la muerte, pero finalmente revivieron, a menudo informan que durante la muerte (la conciencia no había desaparecido) no tenían temores ni preocupaciones de ningún tipo -incluso sobre su propia muerte-. ¿Por qué? Porque su verdadera identidad había sido despojada de lo estéril, y una vez en sintonía con su identidad genuina, entraba en un plano de paz y alegría absoluta.

Para los que siguen en la experiencia de la vida, este sentimiento de satisfacción resulta ser una paradoja: cuando las preocupaciones acerca de lo que falta han sido liberadas, la experiencia de la vida comienza a llenarse. La vida se convierte entonces en cooperativa y dejamos de pensar tanto en nuestras necesidades. Las cosas aparecen, la gente se presenta, las circunstancias mejoran, y todo ello sin que hayamos realizado un esfuerzo supremo. En ese momento hay armonía por la presencia de la luz. No aparece entonces lo que el ego necesitaba –creía necesitar-, sino lo que es correcto y perfecto. Y todo comenzó con unas simples expectativas.

**Proceso de dinamización**

El proceso de dinamización, es una técnica de ayuda especialmente eficaz. ¿En qué consiste?

Todos los estados emocionales negativos están causados por un pensamiento que es contrario a nuestros deseos. No obstante, esos estados emocionales negativos no son una cosa intrínsecamente mala; más bien, las emociones -negativas y positivas- son parte de nuestro "sistema de guía" natural.

Las emociones negativas son nuestro sistema guía de comunicación para nosotros cuando estamos haciendo algo que no queremos. Estas emociones negativas requieren cambiar nuestra forma de pensar y el enfoque mental de lo que no queremos por lo que queremos. Cuando cambiamos nuestra forma de pensar de esta manera, nuestros cambios desde el estado emocional negativo a positivo, es cuando nuestro sistema guía se comunica de nuevo con nosotros.

Cuando nos damos cuenta de un estado emocional negativo intentamos saber la causa, buscando lo que queremos o lo que no nos gusta. Desde ese momento nos oponemos a lo desagradable buscando un justificación para calmarnos. Una vez que sabemos lo que queremos, podemos cambiar nuestra forma de pensar y centrarnos en ello. Esto puede ser tan simple como pensar en dinero, en lugar de en las circunstancias financieras que demandan ese dinero.

Así que la estrategia consiste en centrarse en lo que se quiere y no lo que no se tiene. Aunque suena como una estrategia simple, y lo es, es posible que se sorprenda al descubrir los cambios de humor que se logran cuando solamente pensamos en lo que va a venir.

También es posible que se sorprenda al observar con qué frecuencia **las personas dedican más tiempo a lo que no tienen, que a lo mucho que van a tener.** "Soy realista" –dicen, para justificar ese estado crónico de desesperanza.

Recuerde que aquello que piensa de manera continuada como posible, es muy probable que termine por materializarse, lo bueno y lo malo. ¿Quieres ser pobre? Es sencillo: piense todos los días en lo mal que vive y en lo mucho que le falta. Será aún más pobre de lo que es. ¿Quieres mantener una relación sentimental desagradable? Céntrese diariamente en lo difícil que son las relaciones de pareja, en los divorcios, en las discusiones en el hogar y en los defectos de las personas que llegan a usted. Sería un milagro que consiguiera tener una relación sentimental agradable.

Ahora pruebe a centrarse en lo que realmente quiere, y tenga su foco apartado de lo que no quiere. Hasta su cara le cambiará de alegría, su carisma aumentará y conseguirá encontrar una pareja adecuada.

Como recordatorio final, si su nueva forma de pensar no se traduce en una buena sensación emocional, o por lo menos, una sensación de alivio en comparación con su estado emocional anterior, entonces es que todavía está pensando en una forma que se opone a sus verdaderos deseos.

Pregúntese a si mismo ¿Qué quiero? Trate de no centrarse en lo que quiere alegando necesidad o desesperación. Pensando en lo que deseamos - especialmente desde un lugar de libre de necesidad o estrés- nos hará sentirnos bien, bastante mejor que si pensamos en lo que no queremos.

**Cómo evitar errores en el camino del éxito**

Se necesita algo de inteligencia y raciocinio para establecer metas, no basta con el deseo.

Todo el mundo le aconsejará sobre cuáles son las claves del éxito. Escuche todas, pues alguna será acertada; pero vuélvase sordo ante quienes le hablen de "poner los pies sobre la tierra". Cuando somos pequeños siempre nos aconsejan los mecanismos para conseguir nuestros deseos: estudios, perseverancia, buen hacer, convencimiento. Nos ponen como ejemplo a quienes lo consiguieron casi todo y a quienes se quedaron fuera del camino. Y puesto que hemos elegido la opción del premio, nuestra mente ya se habrá puesto a trabajar desde hace tiempo.

Pero de vez en cuando, alguien nos asegura que lo mejor es "dejarse fluir" y que lo que tenga que llegar llegará. No es cierto, salvo que siga creyendo en que su ángel de la guarda o el destino, le traerán el bienestar hasta su misma casa, sin esfuerzo.

## Cuando todo falla

¿Cómo saber qué ha ocurrido para que los deseos no se cumplan? Hay ciertos errores que ocasionan que el proceso se vuelva contra nosotros.

1. Las metas no están alineadas con lo que realmente somos. Al igual que un buen motor no sirve si las ruedas no están alineadas y los frenos las bloquean, nuestros pensamientos, sentimientos, emociones, metas y valores deben estar en equilibrio. Es posible que nos confundamos entre lo que queremos y lo que deberíamos querer. La búsqueda de una meta que no es adecuada, es como conseguir enamorar a una persona perniciosa. Hay que encontrar metas que nos aseguren el cambio que estamos necesitando.

2. Está en busca de metas de otra persona. Cuando miramos a nuestro alrededor con frecuencia vemos a personas a las cuales nos gustaría parecernos y disfrutar de la vida que ellos disfrutan. Podemos ver a otros ganar premios o mucho dinero. Así que nos fijamos en lo que tienen.

**Es imposible alcanzar las metas que la envidia establece para nosotros**. Pensar en ello y desear lo del otro, es una pérdida de energía preciosa. Porque todos somos únicos, y lo que hace a otro feliz puede hacer lo contrario para nosotros. No estamos aquí para vivir la vida de otra persona, no importa lo bien que la veamos desde el exterior. Sólo su propia voz interna le puede decir lo que realmente va a traer alegría y satisfacción.

3. Es posible que quiera algo diferente, pero no está dispuesto a ser diferente. El cambio es una parte inherente de la meta que desea conseguir. Cuando se establece una meta digna, algo le empuja hacia ella y hace que se enfrente a algunas de las creencias y decisiones que le limitan automáticamente. Así estamos generando el tipo de persona que tiene o hace lo que es su meta. **No se puede esperar alcanzar nuevas metas o ir más allá de la situación actual a menos que se cambie**. Si está decidido a seguir siendo el mismo de siempre, solamente puede esperar lograr los mismos resultados de siempre.

4. No apreciar el presente. Si su felicidad está siempre "ahí afuera" en algún lugar, nunca será feliz. Esperar a ser feliz hasta que llegue a sus metas es una pérdida del tiempo presente, porque siempre hay un nuevo objetivo fuera de su alcance.

Es razonable estar descontento con el lugar donde nos encontramos, pero seguiremos viendo nuestro presente miserable si no miramos alrededor y nos sentimos agradecidos por la vida tal y como es ahora. Siempre que nuestro corazón lata y nos podamos tomar un respiro, siempre y cuando experimentemos un nuevo amanecer, tenemos cosas que apreciar. Mientras llegan los objetivos alcanzables, hay que disfrutar de lo que tenemos y de dónde y con quién nos encontramos.

5. Posiblemente crea que no logrará su objetivo. ¿Está tratando de hacer algo que cree que es imposible que pueda lograr? Eso es un lastre que indudablemente dificultará su éxito. No importa cómo diseñe sus metas, ni las razones que tenga para ello; **si cree que no lo conseguirá así será.** Es una lucha contra sí mismo y el inconsciente es más poderoso que la razón. "Sus metas, menos sus dudas, igualan su realidad." Así que creará miseria si insiste en arrastrar sus dudas mientras trabaja para alcanzar sus metas.

Nadie puede demostrar lo que es imposible y una Ley cuántica dice: "**Si ocurrió, puede volver a ocurrir**". Si alguien lo logró, usted también. Fíjese en la cantidad de personas que consiguieron sus sueños, aquellos que parecían imposibles. No hay manera de probar que no se puede hacer o lograr algo, incluso aunque un millón de personas lo hayan intentado sin lograrlo. Quizá usted sea la excepción.

6. Está tratando de llegar demasiado rápido. La vida es un viaje, pero no una carrera de velocidad. Las metas nos pueden impulsar hacia delante, pero no desarrolle una persecución frenética. Tiene que distinguir entre el estrés y la estimulación. Hay que tener plazos, establecer metas, y actuar con la capacidad disponible y el estímulo motivador. El estrés se manifiesta como ansiedad, enojo o frustración, lo que reduce considerablemente la capacidad de realizar.

7. No ha tenido en cuenta las cosas pequeñas. Algunas personas tienen objetivos que son grandilocuentes: erradicar la miseria mundial, poner paz entre las naciones, curar definitivamente el cáncer, o casarse con la persona más guapa de su ciudad que, además está perfectamente casada. No es que quiera desanimarle, pero póngase metas razonablemente sensatas. También son loables las metas ambiciosas, pero dentro de lo que es factible. **Los grandes hombres quizá son irrepetibles, aunque puede intentar ser uno de ellos.** Si le preocupa el hambre mundial, puede empezar por mitigar el hambre de las personas de su comunidad. Y si quiere curar el cáncer, póngase a estudiar

medicina. Pequeños logros de un gran objetivo. Si la meta es demasiado grande, conseguirá estar abrumado y se desalentará. Si realiza pequeñas metas y las cumple, le dará confianza para pasar a objetivos mayores.

El establecimiento de objetivos y la búsqueda de ellos, debe realizarlos cuando se sienta inspirado, no cuando esté cansado; cuando esté entusiasta, no desanimado; cuando se encuentre confiado, no inseguro.

## La técnica del Ho'oponopono

PROCEDIMIENTO

### Respiración "Ha"

El número siete forma parte esencial de los ciclos del ser humano, de los ciclos cósmicos y de los ciclos bíblicos.

Haga el siguiente ejercicio siete veces:

Inspire lentamente durante 7 segundos

Guarde 7 segundos la respiración

Suéltela lentamente durante 7 segundos

Espere otros 7 segundos.

Libere la mente de tensiones:

Debe tener una ausencia absoluta de rencor y cambiarlo por empatía. Hay personas que no tienen la capacidad para sentir amor hacia los demás, incluyendo a su familia. Para lograr este estado de amor, hay que liberarse de los recuerdos antiguos, aquellos que suponen un dolor recordarlos.

No debe existir miedo al futuro

Pedir el deseo:

Sin ambigüedades

Factible de realizar

Visualice ya el óptimo resultado

Observe las consecuencias sobre usted y los demás.

Recitar lentamente, sintiéndolas, las palabras clave:

Lo siento

Perdóname

Gracias

Te amo

Esencialmente, estas declaraciones están dirigidas a la divinidad, a la Fuente, no a nosotros mismos ni a otra persona. Posiblemente crea que no se puede utilizar este mantra para un propósito específico de conseguir algo, pero una vez que haya quitado su rencor y creencias limitantes, habrá entrado en sintonía con el universo. Todo lo que tiene que hacer es decir estas declaraciones con sentimiento, creyendo que todo se puede conseguir si estamos convencidos de ello y que ahora es el momento, pues se ha limpiado lo que había de mal. Aunque las lágrimas corran por las mejillas... hay que dejar que la humildad prevalezca cuando admitimos que el pasado está rectificado y que todo lo que tenemos ahora es porque hemos rectificado.

Repasemos su mensaje:

Lo siento

La intención al decir esto es que le estamos diciendo a la Fuente que reconocemos nuestro pesar por el daño causado y que son la causa de lo que sentimos y experimentamos actualmente. No es una disculpa por hacer el mal, sino un reconocimiento de nuestros errores y que asumimos la responsabilidad.

Perdóname

Esta es una declaración de reconocimiento para pedir que nos perdone por haber participado en la manifestación de estos acontecimientos no deseados, y para que seamos libres de ellos. También pedimos perdón por no haber sido más pacientes, más tolerantes y más compresivos. Por no haber sabido dar amor y por haber contribuido al dolor ajeno.

Gracias

Un simple gesto de gratitud por la limpieza de nuestras limitaciones, por haber admitido nuestra petición de perdón que nos está causando las situaciones no deseables en el momento. Agradecimiento por habernos escuchado y entendido nuestro arrepentimiento.

Te amo

Una declaración de entrega y renuncia a la necesidad de controlar las cosas, con la confianza de que un nuevo poder fluye en nosotros y que nos compromete a fluir sólo con amor. Esto traerá lo que realmente deseamos, cuando se borre en nuestra mente todo aquello que nos ha impedido recitar las cuatro palabras. Amor a quienes antes hicimos daño y amor incluso a quienes nos hicieron daño. Amor al orden universal por habernos admitido y por el esfuerzo que está realizando para generar nuestros deseos.

## Loa

Loa en hawaiano (loa'a), significa estar atrapado, perdido, y así no encontrará su dinero. Cuando aceptamos el problema, el problema se perpetúa. Eso solamente vale para prolongar el sufrimiento. Tampoco revise constantemente los resultados de sus peticiones, como si desenterrase las semillas para ver si están brotando ahora. Cada vez que hacemos esto, estamos creando resistencia y retrasando el proceso.

Debe ser constante, pues inconsistentes esfuerzos dan resultados inconsistentes. Desarrolle el enfoque y la perseverancia con sus técnicas de visualización (u otras técnicas que crea oportuno).

Centrándose en lo que se merece tener o lo que quiere tener, creará una vibración adecuada. Si tiene que fingir lo que quiere en su vida, entonces finja, pero lo que realmente está haciendo es enviar un mensaje a su inconsciente que es la potencia de su motor y no sabrá qué es un juego, una ilusión o un deseo ferviente. Las vibraciones cuánticas no son una ilusión; son reales.

Nunca dude sobre si es o no digno de recibir lo que desea.

## REFLEXIONES BASADAS EN EL HO'OPONOPONO

- Si dejamos que el destino haga su trabajo, posiblemente no nos guste.

- El universo no responde a lo que uno pide, sino a lo que uno hace. Si no hace lo correcto, la comunicación con el universo no es posible.

- Es peor ser víctima que culpable. El culpable se puede arrepentir. Nuestro resentimiento nos quita la vida.

- Cuando hacemos daño a alguien que nos quiere, no necesitamos pedirle perdón por que ya nos había perdonado.

- Decir "no te lo perdonaré nunca", es una losa que nos hará infelices.

- Estamos pasando de una sociedad de víctimas, a otra en la cual admitimos la responsabilidad del infortunio propio.

- De una sociedad que no perdona, a otra que pide perdón.

- No castiguemos a los muertos con nuestro odio. Dejémosles estar en paz.

- No busquemos personas que nos apoyen en nuestro rencor y odio. Quizá no seamos justos.

- La vida es luz y sombra, lo mismo que las relaciones humanas. Así aprendemos.

- Las parejas más sólidas son aquellas que soportan juntas el dolor y comparten la alegría.

- La araña siempre teje su tela en solitario, una y otra vez.

- No se aleje de las personas que tienen problemas. Hay que ayudarles aunque estemos agotados.

DAÑOS QUE CAUSAMOS POR OMISIÓN

- No escuchar cuando quieren disculparse
- No dialogar cuando nos piden hablar
- No abrazar cuando nos tienden los brazos
- No dar explicaciones cuando nos las piden
- No estar al lado cuando nos necesitan

- No compartir los momentos de alegría y dolor
- No apoyar las ideas e ilusiones
- No dar amor cuando nos lo ofrecen.

## DAÑOS CAUSADOS POR IGNORANCIA

- No darnos cuenta de que nos necesitan
- No percibir la enfermedad de quien sufre
- No entender la sensación de sentirse solo
- No saber consolar al triste
- No saber devolver amor
- No saber pedir perdón.

## ORACIÓN INTERNA

Repítala con frecuencia, es la parte más esencial del Ho'oponopono y lo único que le traerá la paz a su corazón.

**Pido perdón a todas las personas que he causado algún daño a lo largo de mi vida, sea consciente o inconscientemente; por venganza o por justicia.**

Lo siento

Perdóname

Gracias

Te amo

**Perdono a todas las personas que me han causado daño a lo largo de mi vida y asumo mi parte de responsabilidad.**

Lo siento

Perdóname

Gracias

Te amo

# CAPÍTULO 5

## LA LEY DE LA ATRACCIÓN

Hace algún tiempo salió al mercado un libro titulado 'El Secreto', una aproximación a la legendaria Ley de la atracción mediante la cual se afirmaba de manera genuina que cualquier persona podría ser rica y de éxito. Pero el "secreto" decían que estaba en el deseo, no en la acción, un error que aún así generó beneficios millonarios a las personas que vendieron el libro. Para ellas, indudablemente, la técnica funcionó.

## La mal comprendida Ley de la atracción

El documental "The secret" expandió la conciencia de las masas mediante la introducción del concepto de que tenemos control sobre nuestras experiencias y deseos. En él se estableció que atraemos lo que pensamos, queramos o no. Al final, muchas personas comenzaron a creer que la clave para conseguir todo lo que querían consistía en pensar simplemente en lo que querían y así aparecería todo súbitamente. Obviamente, no podía funcionar así. Millones de personas pusieron todas sus expectativas y esfuerzos en lo que ellos consideraban pensamientos "correctos", nada de negativismos, llegando a eliminar de su vocabulario la palabra "imposible". Si usted ha sido uno de ellos, no se desanime, pues seguramente su mensaje llegó con claridad, pero algo faltaba. El eslabón entre la petición y la consecución del deseo estaba precisamente en que no pidió por el bienestar de alguien o varios, sino exclusivamente en su bienestar. Si usted deseaba una casa nueva ¿por qué no incluyó en su sueño a sus hijos o su pareja? Si deseaba una pareja basada en el amor ¿por qué no incluyó el rostro feliz de la persona amada? Inténtelo de nuevo de este modo.

Hay un término denominado como Quantum Physics, que parece avalar parte de esta teoría y que se traduce como el uso de la energía para lograr lo que queremos en la vida. Mediante el envío de energías positivas o negativas a todo el universo o al cosmos, atraeremos el mismo resultado. Se trata de un proceso de tres pasos: petición, creer, recibir. La psicología positiva, en ocasiones una trampa para ingenuos, habla también en este sentido, insistiendo en que si mantenemos una actitud positiva y siempre optimista, entonces estamos enviando inquebrantables energías positivas a través del universo para dibujar o atraer a ese mismo resultado positivo que deseamos. Quizá deberíamos antes revaluar lo que significa el término "energía positiva": ¿Es aquella que nos beneficia, que hace cosas favorables para nosotros, que nos colma de bienestar? ¿Aún cree que solamente basta con pensar?

En el lado opuesto estaría la energía negativa. Así que estando tristes o pesimistas, no podremos esperar que nada cambie para mejor. A lo largo de mi vida he conocido demasiadas personas que han creído que "Dios proveerá" o que todo lo que nos sucede es para nuestro bien, incluso las enfermedades. Todo es un aprendizaje positivo, así que la consecuencia deberá ser siempre positiva. Si cree que esto es así, indudablemente es un ingenuo.

Si estamos pensando reiteradamente en nuestros problemas en lugar de en nuestras bendiciones, que seguro las hay, entonces –según la teoría positivista– estaremos enviando vibraciones negativas al universo, y por lo tanto, atraeremos los mismos resultados negativos. Si nos vemos mentalmente dentro del mal, allí estaremos. Pues le puedo asegurar que el camino no es ese y aunque ponga docenas de postes "positivos" en su hogar o se niegue a admitir que en el diccionario existen también el "no" y el "no puedo", lo "negro" y el "dolor", seguramente llegarán a su vida. Pero no se desmoralice, porque la finalidad de este libro es decirle cómo lograr construir el destino que más le apetezca. Y ahí está un gran consejo: **si quiere un buen mañana, constrúyalo hoy**.

## Orígenes de la Ley de la atracción

No se conoce al autor de la Ley de la atracción, aunque posiblemente tuvo su origen en un texto publicado en 1879 en el New York Times, en donde se describía la ruta que seguían las caravanas en busca del oro de Colorado y que parecían obedecer a una extraña atracción que las llevaba al dorado destino. Después en el siglo XX, un avispado Napoleón Hill en su libro "Piense y hágase rico" (escrito en la Gran depresión de 1929-1954) menciona acerca de la Ley de la atracción como una especie de energía que ayuda a atraer fortuna y bienestar a quien cree en ella. Indudablemente a él sus recomendaciones le fueron útiles, pues vendió más de 20 millones de ejemplares. La verdad, es que pretendió hacer un libro científico, más que metafísico, pues entrevistó a más de 500 personas para elaborar sus conclusiones. Muchos años más tarde en el año 2006, la película "El Secreto" hizo de la Ley de la atracción un punto de inflexión en las aspiraciones de millones de personas.

## Bases de la Ley de la atracción

*No juegue a la lotería y verá como no le toca nunca*

¿Realmente funciona?

No es sencillo responder a esta interrogante. Básicamente, todo depende de una creencia; si creemos que funciona, funcionará. Existe Dios para quien cree en Él.

La psicología positiva, lo mismo que el pensamiento positivo, son dos ramas de la psicología moderna que, sin pretenderlo, al revitalizado las teorías de la Ley de la atracción y eso que confunden más que orientan. Los científicos, por su parte, y a pesar de negar la metafísica, admiten que el pensamiento positivo tiene un efecto importante en el resultado de cualquier evento. La atracción mecánica de los cuerpos, se uniría entonces al desarrollo de los acontecimientos, y desencadenaría la realización de un evento deseado.

El tema principal de la Ley de la atracción es que los iguales atraen pensamientos similares, y esto significa que podemos atraer pensamientos similares, personas, eventos y circunstancias. Y ello es posible aunque no estén próximos entre sí, ni aunque la otra persona no sea consciente de nuestra petición. Algo sincroniza los acontecimientos, para que los eventos se realicen.

La parte más importante de la Ley es que siempre hay que pensar en que todo es posible y creer en las metas que vemos en el horizonte sin tener ninguna duda en la mente. La duda o en el escepticismo bloquean el resultado deseado, como si fuera una emisora de radio a la que movemos el dial.

De acuerdo con esta Ley, la clave para lograr su objetivo es repetir el pensamiento de su meta una y otra vez en su mente y mantener los sentimientos optimistas, imaginando y visualizando como si ya se ha logrado. La visualización creativa y la reafirmación en el logro de las metas, son las dos técnicas más populares utilizadas por muchas personas y recomendadas por los maestros metafísicos.

Recuerde que todos estamos usando la Ley de la atracción continuamente incluso sin saberlo, y en ese sentido, todos somos maestros de la Ley de Atracción.

Principios casi científicos:

Los iguales se atraen.

Los pensamientos atraen situaciones y las circunstancias correspondientes.

Recibimos lo que realmente pensamos en la mayor parte del tiempo.

Los pensamientos positivos atraen a los acontecimientos positivos. Los pensamientos negativos atraen a los eventos negativos.

No entretenga a sus sentimientos y pensamientos con obstáculos, pues esto es lo que obtendrá.

Siga pensando y esperando el éxito, sin permitir dudas que entren en la mente.

Piense en lo que tendrá cuando consiga su deseo.

No es suficiente desear algo, necesita fuerte deseo y fe para que se manifieste lo que quiere.

Si queremos que nuestros pensamientos se manifiesten en logros, tenemos que repetirlos en nuestra mente, y añadir los sentimientos, el deseo y el interés.

Nuestra mente actúa como un imán que atrae las cosas o situaciones hacia nosotros de acuerdo a la naturaleza de nuestros pensamientos pasados.

**Lograr un objetivo**

Hay tres pasos básicos y son:

1) Haz lo que quieras

2) Cree en lo que quieres tener ahora.

3) Ten todo listo para aceptar lo que querías recibir.

**Pasos hacia la riqueza**

Deseo

Decisión

Fe

Perseverancia

Trabajo en equipo

Planificación organizada.

**Método**

1) Visualización

2) Afirmación

Antes de iniciar los métodos, debe tener muy claro en su mente lo que quiere. No se debe establecer ningún objetivo en la mente si se tiene duda de que se quiere en tiempo real o no. Ser feliz es una entelequia y, por tanto, no está sujeta a un momento, persona o lugar concreto. Si está totalmente seguro de que desea alcanzar una meta, entonces puede empezar con el proceso de visualización.

## Visualización

La técnica más poderosa de la Ley de atracción es visualizar el cumplimiento de su objetivo. El primer paso es encontrar su objetivo y hacer un plan de acción para lograrlo. Debe dedicar unos minutos al día para imaginar qué meta ha de alcanzar. Trate de formar una imagen mental precisa, un tiempo concreto, y aferrarse a los sentimientos que sentirá el momento en que se alcanzará el objetivo. Lo más importante es tratar de interactuar con el día de su éxito en su mente. Trate de sentir cómo todos le felicitan por su éxito.

Pero esto no es todo en la visualización que tiene que hacer, pues no debe olvidar el plan de acción que ha comenzado para lograr su objetivo y debe ejecutarlo con eficacia. La única explicación que se puede dar a este fenómeno es que la visualización acelera el plan de ejecución de su objetivo mediante la elaboración de circunstancias favorables o personas hacia usted. La visualización eleva el nivel de vibración positiva en su mente y se aferra a esa emoción positiva como clave del éxito. Cuantas más veces al día lo haga, y cuantas más veces o minutos pueda contener la emoción, esa posición mágica en su mente, más rápido llegará a su meta.

**Afirmación**

La afirmación se logra escribiendo sus deseos o metas con frases positivas en el momento presente. Esta técnica tiene un enorme poder en nuestra mente en el deseo de alcanzar el objetivo, porque estamos escribiendo y leyendo todo al mismo tiempo; como un golpe doble de energía. Funciona mediante mensajes enviados directamente a su mente inconsciente. Si lo repetimos regularmente podemos comenzar a reprogramar la mente para tener y mantener un patrón de pensamientos positivos que ayuden a atraer a los deseos. Si antes le hemos dicho algo crítico sobre los pensamientos positivos, ahora no lo tenga en cuenta.

Coja un cuaderno y escriba cualquier afirmación que desee. Utilice su nombre en la afirmación y trate de escribir en primera persona. Por ejemplo: Yo, Pedro, tengo éxito como escritor y científico. Aunque también puede hacerlo en segunda persona, como: Pedro, eres un escritor y científico de éxito. Y en tercera persona sería: Pedro, es un escritor y científico de éxito. Escríbalo 8-10 veces y al final lo puede firmar.

Concéntrese en el significado de las palabras a medida que escribe la afirmación. Trate de observar si tiene algunas dudas o pensamientos negativos acerca de lo que está escribiendo. Cada vez que sienta cualquier pensamiento negativo acerca de su afirmación, una duda sobre su viabilidad, al instante escriba porqué piensa que no va a funcionar. Luego, trate de escribir alguna afirmación acerca de sus pensamientos negativos y modifíquelos. Por ejemplo, si quiere tener éxito en los negocios con su hermano y cree que él no es lo suficientemente trabajador, escriba cómo ha cambiado y está dispuesto a trabajar por el éxito. Siga trabajando en esta escritura afirmativa, una vez o dos veces al día durante unos días. Una vez que sienta que los pensamientos negativos se han ido, puede volver a seguir escribiendo su afirmación original sobre el objetivo inicial: "Yo, Pedro, soy un empresario de éxito y mi negocio está creciendo cada mes. Gracias a todos por ello".

Puntos que hay que recordar acerca de la afirmación:

Las afirmaciones hay que explicarlas adecuadamente. Ejemplo: en lugar de decir "no estoy gordo" hay que decir "Mi cuerpo está cada vez más delgado y saludable todos los días." De este modo ha evitado enviar la palabra gordo.

Al utilizar afirmaciones es posible que su cerebro esté rechazando algo que comienza con "Yo" como "Yo soy un cantante con talento". Quizá debería utilizar una nueva afirmación como "La gente me considera un cantante con talento".

Agregar un poco de emoción en las afirmaciones funciona mejor. Trate de sentir lo que experimentará una vez que reciba su deseo.

Puede combinar ejercicios de visualización con afirmaciones positivas. La visualización añade otra dimensión a las afirmaciones que ayudan a manifestarse. La mente subconsciente no puede distinguir la diferencia entre lo real y lo imaginado, aunque el cuerpo físico sí.

Ponga sus afirmaciones bien visibles, que le ayuden a enfocar su mente hacia ellas, como por ejemplo el fondo de pantalla en el ordenador, notas pegadas en sitios estratégicos de su casa, como un espejo o cocina.

Al final, es importante tener en cuenta que no importa qué método sea el que esté utilizando, pues la repetición es la clave del éxito, así como reemplazar los pensamientos negativos antiguos con otros nuevos que le posibiliten a llegar a la meta.

**Fe**

No hay ninguna diferencia entre la Ley de la atracción y la fe, aparte de sus orígenes. La Ley de la atracción es una aproximación científica, y la fe es un concepto religioso. Ambas han dicho lo mismo, y es sólo una cuestión de estructurar las creencias de uno y lo que funciona para ellos.

Creer que algo va a ocurrir a través de Dios puede ser loable y quizá una trampa del pensamiento positivo. "Dios proveerá" no es un consuelo correcto. Creer en Dios como hacedor de toda nuestra vida, especialmente de las bendiciones, posiblemente nos lleve a la indolencia. ¿Para qué esforzarnos si Dios nos traerá el pan hasta nuestra boca? Bueno algo de culpa de este pensamiento erróneo lo tienen las Sagradas Escrituras. Veamos:

> Mateo 7:7: Pedid, y se os dará, buscad y hallaréis, llamad y se os abrirá la puerta a vosotros: Porque todo aquel que pide,

recibe, y el que busca, halla, y al que llama, se le abrirá.

Mateo 21:22 Y todo lo que pidiereis en oración, creyendo, lo recibiréis.

Quizá el devoto debería leer los pasajes bíblicos en los cuales se habla de sembrar una cosecha, cuidarla y recogerla, en lugar de vivir como una cigarra. La energía enviada por Dios debe ir acompañada de acciones coincidentes.

La Ley de la atracción dice que si estamos enviando vibraciones mentales para recibir una salida que nos convenga, pero no cambiamos lo que estamos haciendo, estaremos contradiciendo los deseos. **Las acciones hablan más fuerte que las palabras**.

El envío de la atracción deseada hacia un fin, sólo atraerá las situaciones que permitan crear los resultados deseados por las decisiones que tomemos. Veamos algunos proverbios:

Santiago 2:17. "Así la fe por sí sola, si no tiene obras, está muerta."

Pero alguno dirá: "Yo tengo fe y realizo obras." Le podríamos decir: "Muéstrame tu fe sin tus obras, y yo te mostraré mi fe en mis obras."

Tener fe en que mediante Dios obtendremos el resultado deseado, sin tener que hacer lo que debemos hacer, es una contradicción.

Lea este proceso:

> Preguntar: Ahora que sabe específicamente lo que desea, pregunte por ello a su dios, ya sea mediante un comunicado verbal, o a través de la oración.

> Creer: Debe creer sin una pizca de duda que conseguirá lo que sea, pero aparte de sólo creer, cambie sus acciones para que quede claro lo que quiere. No permita que sus acciones contradigan lo que está enviando.

> Recibir: Esté abierto a recibir lo que pide. Mantenga una mente abierta. No ponga limitaciones a lo que recibe y agradezca cuando le llegue lo que quería.

# CAPÍTULO 6

## PROCEDIMIENTO PARA UNIR EL HO'OPONOPONO CON LA LEY DE LA ATRACCIÓN

Bien, le vamos a dar unas pautas para que pueda seguir un procedimiento sencillo y coherente para lograr sus deseos, mezclando ambas herramientas. Hágalo de forma cíclica, repetidas veces:

1- Relájese en un lugar tranquilo y confortable, donde nadie pueda interrumpirle durante el proceso.

2- Su respiración controlada, deliberadamente lenta y diafragmática.

3- La mente absolutamente en blanco. Un buen sistema para ello es sentir cómo el aire entra y sale de su cuerpo.

4- Repita tres veces el mantra: Lo siento, perdóname, gracias, te amo.

5- Sienta cómo esas palabras buscan un oyente fuera de su cuerpo.

6- En su mente, y no con palabras, haga su petición comenzando por un "Quiero…". Nunca emplee palabras como "no", "dolor", "tristeza" o "quizá".

7. Repita con más energía mental y con mayor sentimiento el deseo; que suene como una exigencia. Recuerde que no está implorando. Su deseo no es cuestionable.

8- Vuelva a repetir tres veces el mantra "Lo siento, perdóname, gracias, te amo". Diríjalo a la mente universal, la energía cósmica o a Dios, según sus creencias.

9- Siga respirando con serenidad y relájese. Su mensaje ha sido escuchado.

10- Siempre con los ojos cerrados, visualice los cambios que ya han comenzado a realizarse en su vida desde hoy. Usted ya es otra persona, incluso físicamente está más vital, su mente más serena y precisa, su amor hacia las personas fluye sin problemas.

11. El final de su petición es un hecho y ya se puede ver en su mente como protagonista de su nueva vida. La única opción es haberlo logrado.

12- Abra los ojos, mire a su entorno, algo ha cambiado. Usted percibe que hasta el aire que respira es distinto, que los sonidos son más agradables y el aroma es sutil. Su casa o puesto de trabajo, no son lo mismo que ayer.

13- Usted tampoco es el mismo. Tiene determinación, seguridad, buena autoestima y optimismo.

14- Comience a realizar las acciones adecuadas para conseguir sus propósitos: buscar trabajo, acudir a lugares sociales para encontrar pareja, hacer deporte para restablecer su salud, leer libros de espiritualidad que le lleven a mundos menos materialistas, viajar a lugares en los que no exista masificación.

15- Perfeccione sus hábitos de vida cotidianos: hora para comer, dormir y levantarse. Vestir más adecuadamente. Ordenar su hábitat y sus cosas.

16- Finalmente, preocuparse más por sus familiares y amigos. La finalidad de sus deseos es ayudar a los demás, no solamente a usted.

# CONCLUSIÓN

Frente al escepticismo con el cual algunas personas dudan de la fiabilidad de estas dos herramientas - Ho'oponopono y la Ley de la atracción-, nosotros no le hemos propuesto un simple acto de fe en fenómenos metafísicos. Hemos incluido dos procedimientos muy antiguos, avalados por la tradición y millones de personas beneficiadas, pero hemos procurado razonarlos mediante los principios básicos de la física cuántica, la psicología conductista y el cambio en nuestro modo de sentir y vivir.

Tampoco le hemos pedido que reniegue de sus creencias y ni siquiera le hemos intentado añadir otra creencia. Es un procedimiento sencillo y razonado para que usted construya el resto de su vida según sus deseos basado en dos principios: **haga lo que es correcto, y hágalo ahora**. También le hemos pedido que confíe en usted, en sus cualidades y hemos insistido en que somos los hacedores de nuestro destino, aunque con un poco de ayuda externa.

Les deseo una nueva vida muy feliz.

*Adolfo Pérez Agustí*

www.ingramcontent.com/pod-product-compliance
Lightning Source LLC
Chambersburg PA
CBHW070647290526
45790CB00001B/215